時を読み、未来を見通す

モダンホラリー 最新版

占星術

Modern horary Astrology

和泉茉伶
——— いずみ まれい

説話社

　既刊『モダンホラリー占星術』の再刊を望むお声をいただき、今回、説話社より最新版として刊行させていただくこととなりました。再び多くの方に楽しんでいただける機会を与えられ、とても嬉しく、正直ワクワクしています。

　ホラリー占星術の歴史は古く、紀元前には存在したとされています。それを体系化したのが、17世紀に登場したウィリアム・リリーの『Christian Astrology』です。この原著を読み終えた時の興奮と驚きは忘れることができません。というのは、誕生時間が不明だと精度の高い結果は得られないという西洋占星術の難点をクリアしていたからです。

　質問が浮かんだ日時で占うというユニークさもさることながら、日常生活の様々な出来事の解決に明確なヒントを与えてくれる点にも驚かされました。ただ、いくつか疑問も残りました。それは厳格とも言える規則のすべてが、現代においても必要か否かです。質問が浮かんだ瞬間を大切にする占術であるにもかかわらず、厳格な規則のために、占える機会が限定されてしまう点。さらにはすでに発見されている天王星・海王星・冥王星を使用しない点です。伝統的ホラリーでは各天体が2つのサイン（星座）を共有していますが、もし当時から発見されていたら、厳密な規則は不要だったのではという疑問が沸き起こりました。また、取り上げている内容においても、現代にそぐわない箇所も多々あります。たとえば瀉血という当時流行していた医療行為は、現在での使用は限定的です。こうした点を踏まえ、規則も時代の変遷に伴って変化していくのは当然であるという結論に至りました。

　その後、様々な関連書籍に目を通しました。啓発してくれた著作との出会いもありましたが、やはり伝統的手法を踏襲する内容が多く、私の疑問に答えてくれる書籍には巡り会えませんでした。そしてますます強まったのが、「これらの煩雑な規則を破ったらどうなるのだろう」

という思いでした。規則は必要最小限に抑え、的中率を下げずに済む方法はないか。ここから破壊という冒険が始まりました。その後、不要と思われる厳格な規則を省く試行錯誤の数年間を経て、的中率においても70パーセントという確信を得ることができました。

　モダンホラリー占星術は、和泉茉伶のオリジナル占術です。従来の伝統的なホラリー占星術とはかなり趣が違います。「占いの真髄は何はさておき的中率にあり」。そのポリシーに基づき、誰でも楽しんで占え、的中率においても見劣りしない占術ができたと自負しています。

　本著は日常生活のあらゆる質問に応えるため、実用性を重視しています。複雑化する世界情勢から、生活に影響を及ぼしかねない社会的な事件も取り上げました。また、前著をお読みくださった方や高度な解析力を目指す方のために、上級編も加えました。あなたの推理力と洞察力で解析に挑んでみてください。なお、本著はホラリー占星術の可能性と解析方法を伝える使命で執筆したものです。実際の事件を扱ったケースもありますが、モダンホラリーの手順を踏まえて占った上での解釈であることをご理解いただけますと幸いです。

　正しく解釈するためのコツは、何より数をこなすことです。まずは自分自身や身近な出来事を、ホロスコープを作成してたくさん占ってみてください。不明な点に遭遇したら、再び本著を読む。この作業を繰り返すうちに、勘が養われていきます。的中する時には、ホロスコープが向こうから飛び込んできます。その時の楽しさ、醍醐味を味わったら、あなたはモダンホラリー占星術のとりこになるはずです。

　モダンホラリー占星術を活用して、時に辛いと感じる人生・生活を楽しく豊かなものに変えていただけたら幸いです。

　最後に、粘り強く誠実に協力してくださった、編集担当の仲川氏及びスタッフの方々に深く感謝申し上げます。

Marei Izumi

和泉茉伶

3

モダンホラリー占星術へようこそ

　ホラリーとはラテン語で時間のこと。ホラリー占星術とは西洋占星術をベースとした、誕生日時に代わり、質問が浮かんだ瞬間で占う大変ユニークな占いです。「はじめに」でも前述した通り、その起源は大変古く、紀元前にホロスコープが考案されると同時に誕生しました。その後これを体系化し普及させたのが、17世紀に活躍したイギリス人の占星術師、ウィリアム・リリーです。

　1647年に出版された『Christian Astrology』はホラリーのバイブルと言われており、現行のホラリー占星術はすべて、彼の作ったシステムが基本となっています。

　ホラリー占星術が誕生した経緯には、当時、出生時間が不明で占えない人が数多くいたことが挙げられます。それは現在でも変わりません。出生時間がわからないという人のために考案された占術方法なのです。しかも驚くべきは抜群の的中率です。

　ホラリーは質問が浮かんだ瞬間の天体の位置で占い、あらゆるジャンルの質問にも答えてくれます。

　たとえば恋愛、結婚の行方、貸したお金が戻ってくるかどうか。就職先に迷った時の判断や、取引先が信用できるか、不動産の購入、行方不明者の存否と現在の所在。迷子になったペットの居場所、紛失物や置き忘れたアイテムの発見も可能です。

　占い方は、10個の天体を使用して、天体の位置と天体同士の角度で判断します。伝統的ホラリーでは月・水星・金星・太陽・火星・木星・土星のみで、当時未発見だった天王星・海王星・冥王星は使用しません。ただしモダンホラリー占星術では、それらを加えた10個の天体で占います。

なぜなら、質問を占う際に、天体の数は多いほど的確に解析できる上、すでに発見されている現在において、それらの天体を活用しない理由がないからです。もし17世紀に発見されていたならば、ウィリアム・リリーもきっと活用したでしょう。

　特に外惑星は、人物のキャラクターと状況の把握に本領を発揮します。たとえば天王星はハプニング性と状況の急変を指し、海王星はドラッグ、詐欺、裏切り、犯罪歴のある人といった裏社会の犯罪を示します。冥王星は破壊とそれに伴う刷新、再生といったスケールの大きな状況。さらには悪にも善にもなりうる強烈なアクの強い人物を意味します。

　また、外惑星は迷子のペット捜しにも効力を発揮します。もし、ペットの居場所を問いたホロスコープに天王星の逆行が現れていたら、思いがけない場所で見つかるはずです。

　このようにホラリーは、ホロスコープに描かれた天体を通して私たちの想像力を掻き立て、解決へと誘ってくれるのです。

　そしてそれらすべての鍵を握るのがホロスコープです。ホロスコープに現れた天体の位置で、質問の答えがイエスなのかノーなのかがわかります。ただし残念ながら、描いたホロスコープが常にきちんと回答してくれるとは限りません。

　モダンホラリーは、緊迫している状態や占う必要があるケースの場合ほど、的中率が高くなります。もしホロスコープの中の天体の位置がバラバラで、質問のハウスと何ら関係がない場合には、的確な答えを示しているとは言えません。おそらく、占うまでの時間が空きすぎたか、さほど重要でない案件の可能性が高いです。そのような場合、答えはすでにあなたの中にあると考えましょう。

　他人ではなく、自分で生活に役立つアドバイスを手に入れられる。これがモダンホラリー占星術の醍醐味であり、魅力なのです。

Contents

PART 1
015
占う前に知っておきたい基礎知識

PART 2
041
占うために必要な8のルール

PART 3
049
ホロスコープを
正しく読むための12のテクニック

PART 4
057
モダンホラリーで占ってみよう

第1ハウス（アセンダントハウス）
質問者の人柄・状況、行方不明者の捜索、寿命

第2ハウス
あなたの金運・財政状況　紛失物の在り処 072

第3ハウス
国内旅行、メールなどのコミュニケーションの状況 086

第6ハウス
健康状態、病気、職場、迷子のペットの捜索 ………… 130

第7ハウス
結婚・離婚、ライバル、パートナー運

第8ハウス
死、遺産、保険金、年金、手術、死後の世界、結婚後の財政

PART 1
Basic Knowledge

占う前に
知っておきたい
基礎知識

まずは、モダンホラリーに必要な
基礎知識をマスターしましょう。
はじめの一歩です。

ホロスコープがすべてを語る

　ホロスコープとは、黄道12サインと呼ばれる天空に広がる星座を、中央の地球から見上げて描かれた天球図のことです。

　ホロスコープは横の赤道と縦の子午線で大きく4つに区分されます。

　起点は、日の出と同じ東（左）。時間は朝の6時、春分の3月21日頃にあたり、牡羊座がきます。このハウスは第1ハウス、別名、日の出（上昇）ライジングハウス、またはアセンダントハウスと名付けられています。反対側の西は第7ハウスが位置し、日の入り（下降）ディセンダントと呼び、時間は午後の6時、秋分の9月23日頃あたりで天秤座が位置します。縦の子午線に位置するハウスは4番目と10番目のハウスとなります。第4ハウスは夜中の12時にあたり、季節は6月22日頃の夏至。蟹座です。反対側の第10ハウスは正午の12時。天頂の意味にあたるミッドヘブン（別名MC）と言い、季節は冬至の12月22日頃にあたり山羊座が位置します。

　この4つのハウスをさらにそれぞれ3つに区分したのが**12ハウス**です。赤道の下側に位置する第1〜6ハウスは、それぞれ牡羊・牡牛・双子・蟹・獅子・乙女座が本来のサイン（星座）で、上側の第7〜12ハウスは、それぞれ天秤・蠍・射手・山羊・水瓶・魚座が本来のサインです。各ハウスは約1ヶ月にあたる30度ずつで構成されています。

　12に区分された各ハウスは、時計と反対の方向に進み、様々な役割を担います。たとえば、金運なら第2ハウス、恋愛ならば第5ハウス、ビジネスなら第6・10ハウスを見て判断します。

　これらのハウスのどこかに10個の**天体**（月・水星・金星・太陽・火星・木星・土星・天王星・海王星・冥王星）が点在しています。この天体の配置と**ハウスの境界線**（ハウスカプス）や、天体同士が形成する**アスペクト**と呼ばれる角度が重要なキーポイントです。

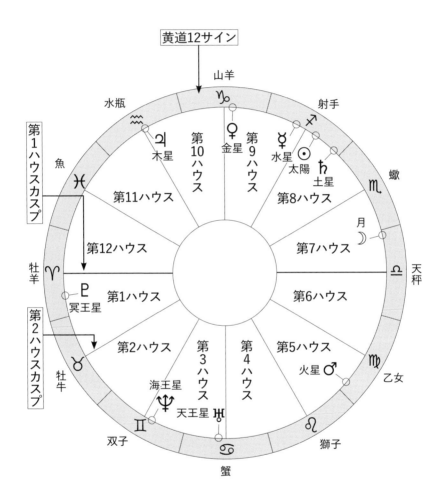

黄道12サイン

山羊

水瓶

射手

第1ハウスカスプ

魚

蠍

牡羊

天秤

第2ハウスカスプ

牡牛

乙女

双子

獅子

蟹

木星

第10ハウス

金星

第9ハウス

水星

太陽

土星

第8ハウス

月

第7ハウス

第11ハウス

第12ハウス

第1ハウス

冥王星

第6ハウス

第2ハウス

第3ハウス

第4ハウス

第5ハウス

火星

海王星

天王星

17

ハウスって何？

　12の各ハウスには役割が与えられていて、**人生で遭遇するあらゆるジャンルの問題に対応し答えてくれます。**

　またハウスに天体が位置していたら、天体は、そのハウスの役割にどのように関心を向け、対処するかを示してくれます。それが質問者の**ルーラー（支配星）**と好アスペクトなら協力者です。たとえば、第5ハウスに質問者のルーラーの水星が位置していたら、その人はスポーツや娯楽などの楽しい事柄に関心が向いているか、実際に関連した立場にいる人です。金星が第5ハウスにいるなら、投機や恋愛に夢中です。このように天体はハウスの役割と強い関連性で結ばれています。

　それでは各ハウスがどんな役割を担っているか、右のページの表で見ていきましょう。

▼ハウスの役割と特徴

第1ハウス	外見・容貌・身体的特徴・頭・プライベートな事柄
第2ハウス	金銭・稼ぐ能力・財産・紛失物・未来の行方
第3ハウス	通信・近距離の旅行・交通手段・コミュニケーション・親戚・兄弟・近隣・広告・電話・初等教育・文筆・著述業・アナウンサー・講演・話術・知的能力・ゴシップ
第4ハウス	家庭・在宅ワーク・不動産・遺産相続・晩年・母
第5ハウス	恋愛・投機・株式・ギャンブル・演劇・歌手・映画・創造性・子供・スポーツ・娯楽全般
第6ハウス	病気・労働・社員・職場・行方不明のペット（小さな動物）
第7ハウス	パートナー・結婚・結婚相手・離婚・政敵・ライバル・裁判の被告・次男・次女・姪・甥
第8ハウス	遺産・パートナーの遺産・公衆・公的機関からの収入・先祖から受け継ぐ美質・保険金・死後の世界・手術・オカルト
第9ハウス	外国・外国人・貿易・海外旅行・高等教育・出版・三男・三女
第10ハウス	職業・キャリア・社長・校長・幹部社員・名誉・会社・父親
第11ハウス	友人・信条に基づく組織・協会・願望の成就・四男・四女
第12ハウス	隠れた敵・隔離・病院・刑務所・不倫・内縁関係・幽閉生活・入院・テロ・クーデター

ハウスの強弱

　天体はハウスの位置によって、力を強力に発揮できる場合とそうでない場合があり、次のように区分されます。

◆アンギュラーハウス ── 第1・4・7・10ハウス

　アンギュラーとは「角」という意味で、春夏秋冬の起点を指します。第1ハウスは春分、第4ハウスは夏至、第7ハウスは秋分、第10ハウスは冬至に該当し、大変重要です。天体はこれらのハウスにあるともっとも強く力を発揮し、積極的でパワフルになります。占う事柄がスピーディーに成就、解決します。

◆サクシーデントハウス ── 第2・5・8・11ハウス

　サクシーデントとは、次に続く、つまりアンギュラーの2番手という意味です。安定している反面、頑固で意見や態度を変えない性質があります。そのため、物事の成就には時間がかかります。

◆ケーデントハウス ── 第3・6・9・12ハウス

　融通性や順応性がある反面、変わりやすく一定しません。天体が力をもっとも発揮しにくいハウスです。

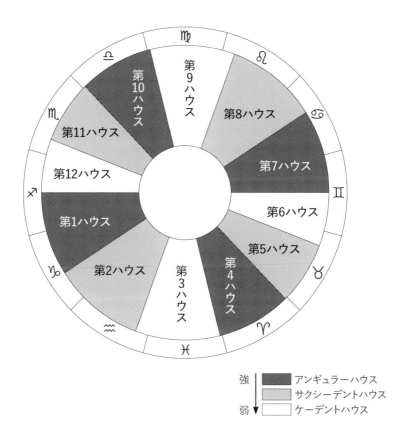

強	■	アンギュラーハウス
	▨	サクシーデントハウス
弱 ↓	□	ケーデントハウス

サイン（星座）

　サインとは星座のことです。サインはハウスと同じ12のサインで構成され、各サインは、象徴する**ルーラー**（支配星）を持ちます。以下、本書ではルーラーと表記します。

　天体が本来のサインにいる時を**ディグニティ**にあると言い、本来のポジティブな役割をパワフルに発揮します。逆に定位置と180度の位置のサインにある時は**デトリメント**（損傷）と呼ばれ、天体本来の力が発揮されません。たとえば火星は、牡羊座にある時にもっとも力を発揮します。反対に天秤座にある時、その力は非常に弱くなります。

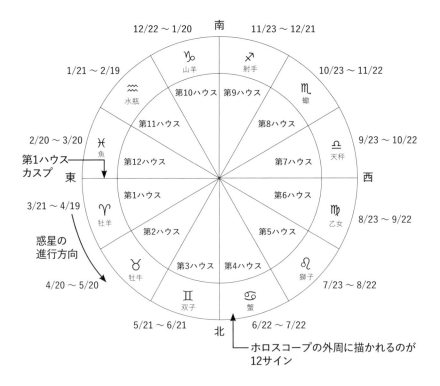

ホロスコープの外周に描かれるのが
12サイン

それでは各サインの期間とルーラーを、下の表で見ていきましょう。

▼サインの期間とルーラー

本来のハウスとサイン			期間	ルーラー	
第1ハウス	牡羊	♈	3月21日〜4月19日頃	火星	♂
第2ハウス	牡牛	♉	4月20日〜5月20日頃	金星	♀
第3ハウス	双子	Ⅱ	5月21日〜6月21日頃	水星	☿
第4ハウス	蟹	♋	6月22日〜7月22日頃	月	☽
第5ハウス	獅子	♌	7月23日〜8月22日頃	太陽	☉
第6ハウス	乙女	♍	8月23日〜9月22日頃	水星	☿
第7ハウス	天秤	♎	9月23日〜10月22日頃	金星	♀
第8ハウス	蠍	♏	10月23日〜11月22日頃	冥王星	♇
第9ハウス	射手	♐	11月23日〜12月21日頃	木星	♃
第10ハウス	山羊	♑	12月22日〜1月20日頃	土星	♄
第11ハウス	水瓶	♒	1月21日〜2月19日頃	天王星	♅
第12ハウス	魚	♓	2月20日〜3月20日頃	海王星	♆

サイン（星座）の強弱

　ハウスと同様に、サイン（星座）もその位置により様々な特徴・傾向を持ちます。具体的には、天体の力を最大限に引き出すことができる強力な位置と、反対に微小となる傾向がある位置があります。

　サインは以下の3つのパターンに分類されます。

◆カーディナルサイン —— 牡羊・蟹・天秤・山羊

　考えた事柄を力強く実現していくことができ、積極的で強運。天体の役割が最大限に発揮されます。

◆フィクスドサイン —— 牡牛・獅子・蠍・水瓶

　周囲に影響されず独自の生き方を貫く、頑固な一面を持つタイプです。物事に固執するあまり、切り替えがうまくできません。願望の達成には時間がかかります。

◆ミュータブルサイン —— 双子・乙女・射手・魚

　適応性が高く器用です。ただそれが災いして不安定で変化しやすい傾向となり、持続性に欠けます。そのため実現性が弱い傾向があります。

　ホラリーで占う場合、ハウスとサインの両方の強弱をあわせて判断します。もし占う事柄か本人のルーラーが、アンギュラーハウスでかつカーディナルサインと双方とも強力である場合は、願望が成就する可能性が高く、たとえ障害があっても乗り越えられます。逆にケーデントハウスでミュータブルサインの場合には、質問者の置かれた立場は非常に弱く、達成は難しいか、たとえ達成できたとしても妥協を余儀なくされます。

エレメントと相性

　12サイン（星座）は、宇宙を構成する**火**（ファイアー）・**水**（ウォーター）・**地**（アース）・**風**（エアー）の**4つのエレメント**のいずれかに区分されます。同じエレメントのサイン同士は気質などに類似点が多く、調和、協調し合える仲です。それらは120度ずつ離れて正三角形を形成し、安定しています。

　その一方で、90度ずつ離れたサインは反発し合う関係性を作ります。たとえば牡牛座を例に挙げると、4番目にあたる乙女座とは120度離れて協調し合える関係、手前の3番目にあたる獅子座とは90度離れて反発し合う関係となります。

火（ファイアー）—— 牡羊・獅子・射手サイン —— 行動力・熱情

水（ウォーター）—— 蟹・蠍・魚サイン —— 情緒・奉仕

地（アース）—— 牡牛・乙女・山羊サイン —— 堅実・現実派

風（エアー）—— 双子・天秤・水瓶サイン —— 知性・淡白

カスプ

　各ハウスを区分する境界線を**カスプ**と呼びます。たとえば第1ハウス（アセンダント）が獅子サインの8度にあるとしましょう。これをアセンダントカスプ8度にあると言います。また第3ハウスが牡羊5度にあるとすると、第3ハウスカスプは牡羊5度となります。

　ハウスカスプはアスペクト（天体同士の角度）を見る際、大変重要です。もし天体と関連事項のハウスカスプが良好なアスペクトなら、それに関する幸運が期待できますし、不運なアスペクトなら、試練が待ち受けています。たとえば第2ハウスに天体がなくても、第2ハウスカスプと幸運の天体がトラインのアスペクトならば、金運は順調です。反対にハードアスペクトなら、投機で失敗するか、何らかの金銭的な損失があるはずです。

天体

　モダンホラリーでは基本的に10の天体を使用します。**月・水星・金星・太陽・火星・木星・土星・天王星・海王星・冥王星**です。本書では月と太陽を天体として扱います。

　各天体には、幸運をもたらす天体、試練をもたらす天体、そしてアスペクトを組む相手により役割が異なる中立の天体の3種類があります。

　天体は運行スピードが異なり、月・水星・金星・太陽・火星・木星・土星・天王星・海王星・冥王星の順に遅くなります。

　天体は毎日少しずつ移動していきます。月はもっともスピードが速く、1日に13度11分、水星は1度23分。金星は1度12分、太陽は約60分、火星は33分28秒、木星は約5分、土星は2分、天王星は42秒、海王星は22秒、冥王星は13秒進みます。

　天体の役割と性質は次のページから見ていきましょう。

▼1日に進む度数

月 ☽	13度11分	木星 ♃	約5分
水星 ☿	1度23分	土星 ♄	2分
金星 ♀	1度12分	天王星 ♅	42秒
太陽 ☉	約60分	海王星 ♆	22秒
火星 ♂	33分28秒	冥王星 ♇	13秒

◆月 ☽ —— 感受性と母性の星

　太陽の光を反射しながら輝く月は、感受性を表します。月といえば満ち欠けが特徴的ですが、モダンホラリーではそれを移り気や不安定さ、変化の象徴として扱います。それは、時に隠された願望として表面化することもあります。また、時期によって形を変える神秘性を捉えて、想像力や母性の象徴とも考えます。

◆水星 ☿ —— 知性を司る知的な天体

　水星は知性やコミュニケーションを司る天体です。知的能力や話術、文才、好奇心といったことを表します。すでに述べた通り、他の天体に影響を受けやすい天体でもありますから、適応能力などを表すこともあります。

◆金星 ♀ —— 愛と美の女神

　金星は愛と美の女神である「ヴィーナス」の名が付けられていることからもわかる通り、愛とお金の象徴で、魅力的な天体です。そこから美的センスや芸術的な才能を司ります。恋愛や金運を占う場合には、金星の位置に注意しましょう。

◆太陽 ☉ —— 生命力と尊厳を示す

　地球にとって太陽はなくてはならない存在で、生命の源でもあります。そのため、モダンホラリーでも、太陽は生命力の象徴として捉えます。そして、すべての天体の中心に位置する太陽は、名誉や尊厳、独裁、リーダーシップなどを表します。自我が強く、決断力がある点も特徴です。

◆火星 ♂ ── 積極的でエネルギッシュな天体

　夜空で一際赤く輝く火星は、見た目の通り、闘志や情熱などを表し、湧き上がるエネルギーの象徴です。男性的なバイタリティを持ち、大胆で行動力のある反面、衝動的で短気な一面もあります。また、紛争やいさかい、暴力などを司る天体でもあり、問題を引き起こすトラブルの天体でもあります。そのため、第1ハウスカスプ（アセンダント）上に火星がある場合には要注意です。

◆木星 ♃ ── 神々の頂点に立つラッキープラネット

　木星は太陽系の天体の中では最大の大きさを誇り、モダンホラリーでは最高の吉星とされています。木星の英名はジュピターで、神々の頂点に立つ天空神のことです。そのため、木星は豊穣や寛大さ、公平、保護の象徴と位置付けられています。一方で、過剰になりやすいという特徴もあり、自信過剰や浪費を示すこともあります。

◆土星 ♄ ── 真面目で厳格。試練、苦難とともに忍耐力を司る

　土星は木星とは反対に、モダンホラリーでは一番の凶星とされている、不運の天体です。制限や困難、それに付随する忍耐や病気、試練、障害の他、不満や孤独を表します。しかし、それを乗り越える力として、禁欲や勤勉、厳格、組織力といった特徴も持ちます。

◆天王星 ♅ ── 予期せぬ突発的な出来事の象徴

　傾いた自転軸という独特の特徴を持った天王星は、変化や独創性を表す天体です。自由で斬新、エキセントリックで天才肌でもあります。また、有史以前に知られていた土星までの天体とは違い、天王星は18世紀に突然発見された天体であることから、モダンホラリーでは、予期しないあらゆる出来事を表す天体とみなします。

◆海王星 ♆ ── 神秘的かつ幻想性を有する天体

　天王星まではぎりぎり肉眼で確認できますが、海王星になると肉眼で見つけるのは困難です。そんな海王星を、モダンホラリーでは霊感や直感などを表す神秘的な天体として扱います。そこから派生して、芸術性、幻想や欺瞞、曖昧さ、詐欺、嘘といった意味も持ちます。不確定で不鮮明なイメージを持つ天体です。

◆冥王星 ♇ ── 新しく、かつ最後の天体

　現在のところ太陽系最後の天体であり、一番新しい天体でもあります。そのためモダンホラリーでは、再生や復興、破壊、極限状態を司る天体として扱います。悪にも善にもなる天体で、爆発的な破壊力を持っているのが特徴です。

　これらの天体の特徴を暗記する必要はありません。各天体の性質と特徴を表にまとめましたので、天体に対するあなたなりのイメージを膨らませてみてください。

▼天体の性質と特徴

月	母性、想像力、移り気、不安定、家庭的、感受性、人気
水星	知性、話術、文才、適応性、詮索好き、好奇心、神経過敏
金星	魅力、愛情、美的センス、金銭、洗練、芸術的才能、贅沢、怠惰、官能
太陽	決断力、意志、名誉、栄光、名声、尊大、独裁、贅沢、虚栄、自我、リーダーシップ
火星	エネルギー、勇敢、行動力、攻撃性、大胆、短期、衝動的、残酷、戦争、テロ、暴力、手術、事故、けが
木星	豊穣、寛大、楽天性、名誉、人道的、公平、人気、陽気、自信過剰、怠惰、浪費、非現実性、幸運
土星	克己、勤勉、禁欲、厳格、実際的、組織力、実有能力、悲観的、試練、不運、倹約、鬱、病気、貧困、陰気
天王星	独創力、天才、独自性、自由、エキセントリック、斬新、発明、創造性、反抗、片意地、非現実的、非体制
海王星	芸術性、インスピレーション、神秘性、スキャンダル、横領、スリ、霊感、薬物、アルコール、アルコール中毒、詐欺、曖昧さ、暴力的でない犯罪
冥王星	破壊力、不正、災難

幸運の天体・不運と試練の天体

　各天体には、幸運をもたらす天体、また試練をもたらす天体、そしてアスペクトを組む相手により役割が異なる中性的な天体があります。幸運をもたらす天体をベネフィック（吉星）、試練をもたらす天体をマレフィック（凶星）と呼びます。

　木星・金星・月・太陽は幸運の天体で、この天体が調和のアスペクトであるなら、幸運、愛、平和、幸福、栄光をもたらします。

　一方、土星・火星・天王星・冥王星・海王星は、試練や不運、トラブルを与える天体です。ただし、本来の星座（サイン）にいる時、あるいは幸運の天体とアスペクトにある時には強力となり、吉作用をもたらします。ただし不調和のアスペクトを組む場合には、試練や困難、争い、テロ、戦争、暴力、殺人、事故、手術、ハプニングを起こします。水星は中立です。

　幸運の天体の中でも木星は大吉星と呼ばれ、木星に次ぐのが金星です。その反対に、不運をもたらす天体の代表格は土星と火星です。

幸運の天体 ── 木星・金星・月・太陽

不運と試練の天体 ── 土星・火星・天王星・海王星・冥王星

中立の天体 ── 水星

天体の動き　順行（ダイレクト・D）と逆行（リトログレイド・R）

　天体の運行の仕方には2通りあります。

　1つは、直進する順行（ダイレクト・略称D）、もう1つは一瞬停止し、逆戻りするように見える動きをする逆行（リトログレイド・略称R）です。

　以下、本書では順行・逆行と表記します。

　本来天体は順行するのが一般的ですので、逆行の動きには注意を要します。そのため、首尾よくいきそうに見えた事柄が覆る、心変わりするといったように、どちらかというと不運なシグナルとみなします。天文暦やホロスコープを作成した時、逆行している天体は「R」で示されます。

　また、質問者を表すルーラーが逆行している場合、微力で気力、体力とも減退している状況です。ただし、行方不明者やペットの捜索などには、関連する位置に逆行の天体がいる場合、戻るという意味になり幸運に作用します。

R は逆行を表します

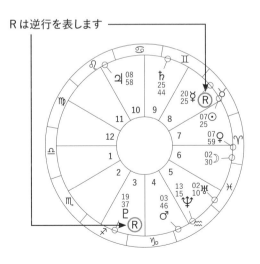

アスペクト（角度）

　天体間で形成される角度を**アスペクト（角度）**と呼び、願望が成就するかどうかはアスペクトの状態で判断します。以下、本書ではアスペクトと表記します。

　本来、天体単体では何の威力も持たず、また役割を果たすこともできません。他の天体とアスペクトを形成してこそその力を発揮し、影響を及ぼすのです。つまりアスペクトは、願望が成就するかどうかの鍵を握っていると言えます。もし、木星や金星といった幸運な天体がまったくアスペクトを形成していないなら、残念ながら宝の持ち腐れとなります。反対に不運な天体（土星・火星・天王星・海王星・冥王星）がアスペクトを形成していない場合は、不運な出来事も起こりません。

　アストロロジーにはたくさんのアスペクトがありますが、ホラリーでは6つのアスペクトを使用します。ラッキーなアスペクトとして**トライン**（120度）、**セクスタイル**（60度）、そしてアンラッキーなものは**スクエア**（90度）、**オポジション**（180度）、時折見かける**セスクイスクエア**（135度）。

　さらに2天体の力を強めるため、天体の種類により幸運・不運に分かれる**コンジャンクション**（0度）です。たとえばラッキーな木星と金星、月、太陽同士の場合には幸運が倍増します。その反面、土星と火星といったアンラッキーな天体の場合には、トラブルが生じます。

　たとえば牡羊座5度に木星があり、月が乙女座6度に位置しているとします。両星座の間には牡牛・双子・蟹・獅子座の4星座が位置し120度が形成されているために、トラインの関係にあると言います。

　また牡牛座9度に火星が、そして獅子座4度に水星が位置しているとします。これは90度の角度となるのでスクエアになります。

　一方、天体の中には、コンジャンクションしか形成しない天体もあ

ります。水星と太陽は28度しか最大角度が形成されないので、アスペクトはコンジャンクションのみとなります。同様に太陽と金星の最大角度もまた48度なので、コンジャンクションのみです。

幸運のアスペクト

◆120度 ── トライン

天体間の角度が120度の場合を言います。大抵、2つの天体の間に3つのハウスが配置されます。それぞれの天体が持つよい部分が引き出されて、安定や順調な発展を示す幸運のアスペクトです。同じエレメント同士で形成されます（牡羊・獅子・射手サインに天体が位置している場合、3つのサインは同じ火のエレメントですから、トラインを形成していることがわかります）。

◆60度 ── セクスタイル

天体間の角度が60度の場合を言います。トラインより影響力は弱めですが、幸運のアスペクトです。不運の天体同士でも、よい結果を得られるシグナルです。

◆0度 ── コンジャンクション

天体が同じサインの中にいる状態です。天体が持つ性質をお互いに強調し合うため、幸運にも不運にもなるアスペクトです。また、コンジャンクションはハウスの意味合いも強めます。たとえば、木星や金星、月、太陽といった幸運の天体同士がコンジャンクションであれば、幸運は倍増します。その反面、土星や火星といった不運な天体同士の場合は、トラブルが生じます。どちらかが不運の天体の場合も、大抵不運を示すシグナルとなります。

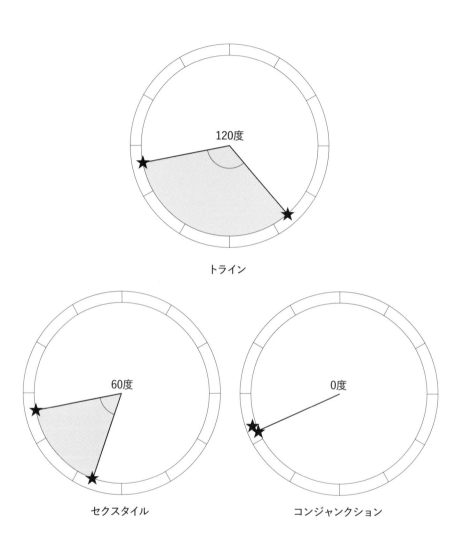

トライン

セクスタイル

コンジャンクション

◆90度 —— スクエア

　天体間の角度は90度。両天体が位置するハウスは3つ離れます。オポジションほどではありませんが、不運のアスペクトです。

◆180度 —— オポジション

　天体間の角度は180度で、不運のアスペクトです。天体がサイン上でほぼ正反対の位置になります。不運の天体同士はもちろん、不運の天体と幸運の天体の組み合わせや幸運の天体同士でも、天体の持つ性質の悪い部分を引き出し、困難や障害のシグナルとみなします。

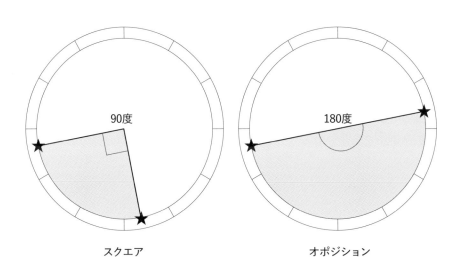

スクエア　　　　　　　　　　　　オポジション

◆135度 —— セスクイスクエア

スクエアやオポジションほど強く作用しませんが、試練、トラブル、遅延を表します。

◆150度 —— 幸運とも不運とも呼べない角度

達成するまでに時間がかかり、調整や工夫が必要となります。2つの天体がセクスタイルを形成。さらにもう1つの天体150度でヨッドと言われる変形の三角形を形成します。これは運命的な仕事や、逃れられない宿命のような事柄を示します。

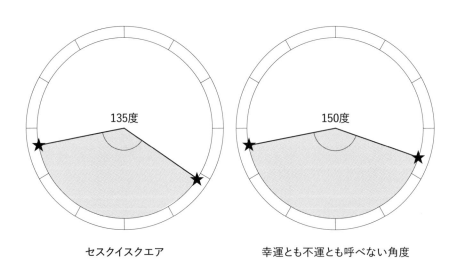

セスクイスクエア　　　　　　　　幸運とも不運とも呼べない角度

◆グランドトライン（大幸運のアスペクト）

　トラインとは2つの天体間で120度の調和の角度を形成することですが、3つの天体がそれぞれに120度を形成し合って、大きな三角形を形成することをグランドトラインと呼びます。

　同じエレメント（火・水・地・風）で、たとえば牡羊・獅子・射手サインに各天体がいて形成している場合です。非常に幸運で、自らが働きかけずとも大きな幸運が約束されています。

◆グランドスクエア（大試練のアスペクト）

　4つの天体がそれぞれに90度の角度を形成することです。たとえば蟹・天秤・山羊サインに天体がいるとしましょう。これらの天体は、それぞれに90度を形成します。この場合、あなたの忍耐を試されるような大きな試練が外部から押し寄せて、シビアな状況に追い込まれます。

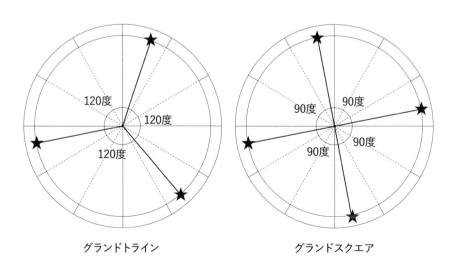

グランドトライン　　　　　　　グランドスクエア

オーヴ（アスペクトの許容度数）

　アスペクトは正確な度数に近いほど効果が早く、確実に現象が出ますが、それぞれ前後8度ほどの許容度数が認められています。これを**オーヴ**と呼びます。

　強力な第1・4・7・10ハウス、あるいは定位置に天体が位置する場合には、オーヴを少し広めにとるなど、ホロスコープ全体の状況を見て判断することが大切です。

　また太陽と月はルミナリーズと呼び、強烈な発光体であるためオーヴは他の天体より少し多めにとっても構いません。その他の天体はトライン・スクエア・コンジャンクションで8度、セクスタイルでは5、6度です。

　ただし、オーヴはあくまで可能性を示しています。事象は正確な度数に近づくほど起こる確率が高くなります。特に0〜2度は重要です。ハウスカスプに対しても同様です。

▼太陽・月以外の天体のオーヴ

トライン	8度
スクエア	8度
コンジャンクション	8度
セクスタイル	5、6度

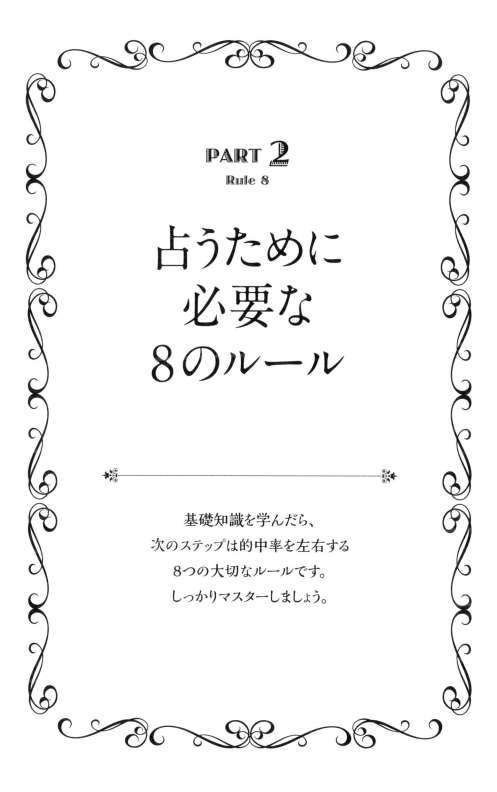

PART 2
Rule 8

占うために
必要な
8のルール

基礎知識を学んだら、
次のステップは的中率を左右する
8つの大切なルールです。
しっかりマスターしましょう。

1. ホロスコープを作る

　占う上で必要なのがホロスコープです。とは言え初心者が作成するのは容易ではありません。まして質問が浮かんだ度に作成するのは大変です。そこで利用したいのが無料でホロスコープを作成できるWebサイト。現在ではインターネット上に数多くあるので、活用してみてください。本書で使用しているのは、以下URLのアメリカ版です。

https://alabe.com/freechart/

　こちらはバースチャート（出生時間のホロスコープ）が作成できるものですが、もちろんホラリーでも使用できます。精密な上、ホロスコープの上で右クリックすると保存が可能です。

　Date（日時）、Time（時間）、Place（場所）の欄を選択して記入してください。場所は、質問が浮かんだ時にいた場所や、事件が発生した場所のことです。国名を選択し、次に最寄りの都道府県名や都市名を記入します。記入を終えたら最後にSubmitを押すと、ホロスコープが作成されます。都道府県名や都市名によっては登録されておらず、エラーが出ることもありますので、そういった場合は関東地方であれば「Tokyo」と記入するなど、工夫してみてください。

2. 質問者のハウスを選ぶ

　何よりも大切なのはハウスの選定です。これを間違えると正確な回答が出ません。占う人は第1ハウス、そして占いたい人は状況に応じて、第1〜12ハウスの中から選びます。相手が顔見知りでない一般的な人の場合には、第7ハウスを選びます。ただし結婚問題を占う場合には、占いたい人と占う問題が重なるので、他のハウスを選びましょう。

　占いたい相手の主なハウスは右のページの表のようになります。

恋人	第5ハウス	父方の祖父	第7ハウス（父親から数えて10番目）
配偶者	第7ハウス	母方の祖父	第1ハウス（母親から数えて10番目）
友人	第11ハウス		
職場の同僚	第6ハウス	父方の祖母	第1ハウス（父親から数えて4番目）
上司・会社	第10ハウス		
ご近所さん	第3ハウス	母方の祖母	第7ハウス（母親から数えて4番目）
官僚、政治家、経営者、著名人、スペシャリスト	第10ハウス	兄弟姉妹	第3ハウス
		子供（長男・長女）	第5ハウス
外国人	第9ハウス	子供（第二子）	第7ハウス
父親	第4ハウス	兄弟姉妹の子供	第7ハウス
母親	第10ハウス	親戚	第3ハウス

　祖母は母親の母親ですから、第4ハウスから数えて4番目の第7ハウス。母方の祖父なら第4ハウスから10番目の第1ハウスとなります。孫は子供の子供ですから、第5ハウスから5番目の第9ハウスとなります。それでは配偶者の母親はどのハウスでしょう。この場合も上記の条件に従い、第7ハウスから数えて4番目の第10ハウス、配偶者の父親なら第7ハウスから10番目の第4ハウスとなります。

　夫の同僚など、面識のない相手を占う場合には、第7ハウスから6番目の第12ハウスをあてます。

　ハウスの選定が煩雑になることで判断ミスが生じないように、慣れてきたら、人物のハウスを決めて変えないことも大切です。

3.占いたい事柄のハウスを探す

　質問者のハウスが決まったら、次は占いたい事柄のハウスを探します。大切なことは、ハウスを間違えずに選ぶことです。以下は占う事柄と対応するハウスの一例です。詳しくはPART4を見てください。

寿命	第1ハウス
金運	第2ハウス
親戚・近隣トラブル	第3ハウス
不動産・賃貸・転居	第4ハウス
恋愛・宝くじ・株式・投機	第5ハウス
病気・健康・職場	第6ハウス
結婚	第7ハウス
死・遺産・相続	第8ハウス
留学・子供の恋愛	第9ハウス
職業・就職	第10ハウス
友人とのトラブル	第11ハウス
犯罪・入院	第12ハウス

4.占う事柄は占いたい人物のハウスを
起点としてサイクルさせる

　占いたいハウスと事柄が決まったら、次はその人物のハウスを起点として、占いたい事柄のハウスを探します。つまりサイクルさせるのです。

　たとえば友人の恋愛だとしたら、友人のハウスにあたる第11ハウスが第1ハウスとなり、恋愛は第11ハウスから5番目の第3ハウスを見て判断します。

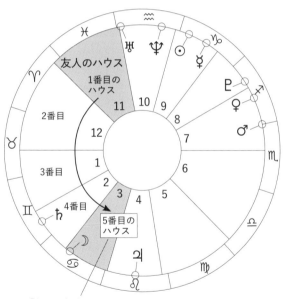

「友人の恋愛問題」のハウス

（友人の恋愛について占う場合）

最初のうちは、43・44ページの表を例にハウスを選んでみてください。

　たとえば姉妹や兄弟の恋愛なら、第3ハウスとそこから5番目の第7ハウスを見て判断します。また現状だけでなく、近未来に起こりうることも予想できます。

　結婚問題なら第7ハウスですが、その後の結婚生活・金運を見るなら、次の第8ハウスを見ます。このようにハウスを選ぶことでその人との未来の夫婦生活を予想できます。

　同僚の金運の状況が知りたい場合、第6ハウスを第1ハウスにとり、第7ハウスが現在の金運を示します。

　娘の就職が気にかかるなら、第5ハウスから10番目の第2ハウスを見ましょう。そのハウスが就職希望の会社となります。

　夫の不倫が疑われ相手が不明な場合なら、第7ハウスから秘密の恋の第12ハウスを選び、第6ハウスで不倫相手の状況がわかります。

　恋人の健康状態が不安なら、第5ハウスから病気を示す第6ハウスを選択。第10ハウスが状況を映し出します。

　遺産については第5ハウス、あるいは第9ハウス。子供のお金については第6ハウス。ビジネス収入は第11ハウス。不動産収入は第5ハウス。原稿料・印税は第3ハウスが執筆を示すので第4ハウスとなります。

　このように、起点となるハウス選びは大変重要です。質問者と質問のハウスの選択が的中率を大きく左右します。くれぐれも細心の注意を払いましょう。

　質問者と質問のハウスが特定されたら、質問者のハウスを起点として、そこから12のハウスが割りあてられます。

5.家族の順位の決め方

　家族1人を占うなら、適したハウスを1つだけ選びますが、複数の子供・兄弟を同時に占いたい場合にはどうするのでしょう。

　子供の順位は、第5ハウスから3番目のハウスを見ます。第5ハウスが第一子となり、次男・次女はそこから3番目のハウス、つまり第7ハウスです。さらに三男・三女は第9ハウス。四男・四女は第11ハウスとなります。

　兄弟・姉妹についても同様に第3ハウスから順に3番目を辿っていきます。次男・次女は第5ハウス。三男・三女は第7ハウスを選択します。

　このようにハウスが決まれば、同時に複数の質問を占えます。

6.願いが叶うかは質問者と
質問の事柄とのアスペクトで決まる

　質問者と質問のハウスが決まったら、いよいよ本番です。

　結果がイエスかノーかは、すべて天体同士のアスペクトで決まります。両ハウスのルーラーか、ハウス内に位置している天体同士の状況を見て判断します。

　もし両方の天体同士が調和のアスペクトならば、願望は叶います。反対に不調和なら、邪魔や妨害が入り実現は難しくなります。

　また、ハウス内にいる天体は協力者や障害を表すシグナルと捉えましょう。

　もし木星や金星がいて、質問者のルーラーと調和しているなら、あなたに力を貸して助けてくれる人が出現します。一方、マレフィックな天体である、土星・火星・天王星・海王星・冥王星がある上、不調和であれば要注意です。妨害され、事態の急変が予想されます。

7. 質問の結末は4番目のハウスが示す

　現状はよくても、それがずっと長続きするかどうかはわかりません。
でも、ホラリーでは将来の状態もわかります。

　結果や将来を調べるのは、占うハウスから4番目のハウスを見ます。

　恋愛、復活愛なら第5ハウスと第8ハウス。結婚生活の行く末を見
たいなら、第7ハウスの他に、第10ハウスを見ます。

　仕事なら第6・第10ハウスの他に、第9・第1ハウスもあわせて判
断します。もし4番目のハウスが質問者のルーラーと好アスペクトなら、
現在は障害があっても、未来は明るい展開になるので、悲観する必要
はありません。

8. 第7ハウスに土星がいる場合はNG

　他人を占う時、第7ハウスに土星がいる場合は、避けるべきという
のがホラリーのルールです。狂いが生じやすいとされているからです。
自身に関する質問の際には構いません。

ホロスコープを
正しく読むための
12のテクニック

実践に入る前に、
ホロスコープを深く読み解くための
12のテクニックについて学びます。

1. 質問が最初に浮かんだ瞬間の
正確な日時を忘れない

　ホラリーは何よりも時間を大切にします。それが的中率を大きく左右するからです。言い換えると質問が浮かんだ正確な日時こそが、的中率を左右するのです。そのため、その場ですぐに占えない場合にはメモに書き留めておきましょう。

　特に迷子のペットの場合、1日に5キロほど移動してしまうこともありますから、質問の時間がずれると正しい答えは得られません。

　筆者の鑑定体験でも、質問を耳にした瞬間に占うのと後日に占うのとでは、的中率に大きな差が現れました。これは行方不明者の捜索でも同様です。また紛失物の場合も時間の正確さが求められます。

2. 遠い未来より近未来。
切迫した問題ほどよく当たる

　モダンホラリーでは、どんなジャンルの質問でも占うことは可能ですが、遠い未来ではなく、数ヶ月以内の近未来の出来事、また最近起こった出来事の行く末や、結末を知りたい時に威力を発揮します。ただし過ぎ去った過去の出来事は占えません。たとえば「何年後に家を持てますか」という質問よりも、「数ヶ月以内に転居した方がよいですか」といった、直近の出来事に関する質問に威力を発揮します。加えて、切迫した問題を占うほど、的中率も高くなります。

　以前、知人が角膜を剥がしてしまいひどい痛みに苦しみながら電話をかけてきました。その時のホロスコープは第1ハウスカスプ（アセンダント）に事故を表す火星がぴたりと乗っていて、緊急事態を示していました。

このように切迫した問題の場合には、チャート上にそれを裏付ける
何らかのシグナルが現れ、ホロスコープの信憑性も一段と高くなります。

3.質問は具体的に告げる

　質問の仕方によって、回答は大きく狂います。たとえば「今年の恋
愛運」、「結婚相手とはいつ出会えるのか」、「いつ成功できるか」、「大
富豪になれるか」など、漠然とした問いや運勢全般を問うと答えは曖
昧で、質問が具体的であればあるほど、明確な返事が返ってきます。

　簡単に、イエス・ノーで答えられる、あくまで生活に密着した身近
な質問にしましょう。金運が知りたいなら、「大富豪になれますか」と
尋ねるのではなく、「今年は昇給しますか」。宝くじの当選についても、
少額の場合なら購入する度に占いましょう。多額の当選金の場合には、
その人の金運全般をアストロロジーで判断する必要があります。恋愛
もいつ相手が現れるのかではなく、具体的な相手との将来の行方を尋
ねる方が結果は明確に出ます。

4.同じ質問は何度も占わない

　占う際に大切なのは、同じ質問を何度も繰り返して占わないこと。
　答えが明確に出ない時や、望む答えが得られない場合、真偽を疑っ
て占い直したくなるかもしれません。しかし、ホロスコープがバラバラ
で正しい回答をしていないと感じた時以外は、しばらくおいて、別の
質問に変えて占い直してみてください。
　たとえば特定のスポーツ選手の勝敗を占う時に、結果が明確に現れ
ない場合は、質問をライバル選手の勝敗に切り替えてみましょう。読
みきれない回答に答えが見つかる場合もあります。

5. ホロスコープが信頼できるかどうかを見極める

　モダンホラリーを占う上で大切なのが、作成したホロスコープであることは言うまでもありません。ところが信頼できるはずのホロスコープがバラバラに感じる時があります。的中する際にはルールに合致するものなのですが、そうでない場合です。

　たとえば質問者のルーラーが質問の項目とまったく関係ない場所にいたり、質問の項目とは関係のないハウスに天体が多数いたりするケースです。この場合には、ホロスコープが的確な答えを示してくれているとは言えません。そのような時には、少し時間をおいて占い直すか、質問を変えて占いましょう。

　適したホロスコープであるかどうかは、本人と質問の内容を表すハウスとの関連を見て判断します。

　具体的には、質問に関連する天体があなた自身のハウスに現れるか、あなたを示すルーラーが、質問事項のハウスに現れているかどうかで判断しましょう。つまり何らかのシグナルがはっきり出ている場合は、ふさわしいホロスコープとなります。それを見極めるためには、数をこなして勘を養いましょう。

6.質問とは関係のないハウスと
アスペクトは無視する

　モダンホラリーでは深読みは禁物です。答えはイエスかノーのいずれかで、運勢全般を占うものではありません。そのため、質問に関連する天体以外のアスペクトは無視します。たとえば質問者が質問とは無関係の天体同士が調和のアスペクトであっても、それは無関係と考えましょう。

　自身で占うと、どうしてもよい結果を求めて、不必要なアスペクトに一喜一憂しがちですが、あくまで質問に関する天体とアスペクトのみで判断しましょう。

7.第1ハウスに逆行の土星がいる場合は叶わない

　第1ハウスに逆行の土星がいる場合には、望みは叶いません。

　土星は順行かつ、本来のハウスにいて強力である以外には、本来歓迎される天体ではありません。

　遅延・妨害・失望といったマイナス面が強調され、不調和のアスペクトなら、シビアな試練に襲われます。ただし順行で調和しているなら、時間がかかって成就することを暗示しています。粘り強くじっと我慢していれば、いずれ願望は成就します。

　また強力な配置、山羊・天秤サインにあって不調和のアスペクトの場合、試練を乗り越えての成就を意味します。

8.天体の逆行は急変を意味する

本来、逆行はすべての質問において急変・覆るという意味でマイナス作用が強く現れます。

恋愛、仕事、結婚などに関する事柄に関連するなら、パートナーとの突然の決別が考えられます。ただし、急変がプラスになるケースもあります。

それは元に戻るという意味で、行方不明者、迷子のペット、紛失物などのケースでは、見つかるという嬉しいサプライズを運んでくれます。

9.第１ハウスカスプ（アセンダント）上にある 天体は重要なシグナル

第１ハウスは質問者を占う上で大切なハウスであるため、始まりを示すカスプ（アセンダント）上に位置する天体は、いかなる種類を問わず大変重要です。もしあれば、近いうちに大きな変化・出来事があるでしょう。

もし太陽なら栄誉、大金の授与。金星なら恋人、思いがけない収入、木星ならサプライズな幸運。一方マレフィックな天体なら、突然のキャンセル、延期、事故、急病、事件、死が訪れます。土星なら不幸や延期。海王星なら詐欺。天王星で好アスペクトなら思いがけない嬉しい出来事、ハードアスペクトなら事故やトラブル。火星なら病気、事故、トラブル、天災。冥王星なら、よし悪しはアスペクト次第ですが、スケールの大きな出来事です。

10. 質問者のルーラーの強弱が 勝敗・成就を決める

　質問の成就はアスペクトで判断しますが、それにもまして重要なのが、質問者の状況です。

　もしルーラーが弱い状態なら、たとえアスペクトが調和していても、幸運は期待するほどのものではありません。反対に強力であるなら、成果は期待したものとなるでしょう。

　たとえば火星。エネルギー、活力といったプラス面がある一方、暴力、事故、災難といったマイナス面にも激しく作用する天体です。

　裁判、係争中の問題では、質問者の火星は強い状況が望ましく、もし相手側が強さで勝るようでしたら、勝利を手に入れることは難しくなります。

　またルーラーが強力である場合は、不調和のアスペクトでさえ勝利に導く力をあわせ持ちます。判断する際には、アスペクトに気を取られて見落としがちなので、注意しましょう。

11. 月は質問者の現状、 あるいは関心のある事柄を示す

　月は動きが速いため、ホラリーでは本人の副ルーラーとして重要視します。

　月は質問者のルーラーとは別に内面を表し、現在の状況や、関心が向いている事柄を表します。そのため判断する場合、月の状況をあわせて見ます。ただし、質問を示すハウスルーラーが月の場合は、本人の状況ではなく、質問の答えのルーラーとなります。

12. アスペクトの影響力の強弱 ── 接近と分離

アスペクトの許容度数であるオーヴについては、40ページで説明しました。正確な度数に近づくほど、現象が起こる確率が高いというものです。実は他にも、アスペクトに関して、見逃せない重要な特徴があります。

それは**接近**と**分離**です。接近とはタイトな角度に向かって正確な角度を形成していく過程を呼びます。たとえば、125度と118度のトラインがあるとしましょう。この場合、125度はすでに120度を形成し終えて、離れつつあります。これを分離と言い、この場合は5度の分離と呼びます。一方後者はまだ120度を形成しておらず、これから120度を形成していきます。これを接近と言います。

影響力、作用について見てみると、接近していく方が日の出の意味合いがあり、大きいとされます。分離はすでに完成し離れていく様子を示します。ただし、力がないというわけではありません。

ただし占う対象の事柄が2つの場合、勢いがあるのは接近している方と判断します。というわけで、アスペクトを見る際には接近であるか分離であるかにも注意が必要です。

PART 4
Let's read your fortune

モダンホラリーで
占ってみよう

さあ、いよいよ本番です。
今まで学んだ知識、ルール、テクニックをフル活用して、
ホロスコープに挑んでください。
的中した喜びがあなたを待っていますよ。

モダンホラリーの手順

実例を見る前に、占う手順をここでおさらいしておきましょう。

①ホロスコープを作成する。(→42ページ)

②占いたい人のハウスを決める。自分のことを占う場合は第1ハウス。
　他人のこと、あるいは2人以上のことを占う場合は、それぞれに適
　したハウスを探す。(→42・43ページ)

③占いたい内容のハウスを決める。たとえば、自分の恋愛について占
　いたいのなら第5ハウスとなる。(→44ページ)

④土星の位置を確認する。第7ハウスに関連する事項を占いたい場合
　以外は、第7ハウスに土星があれば占えない。(→48ページ)

⑤質問者のルーラーを確認する。自分を占う場合は、第1ハウスのルー
　ラーと第1ハウスにいる天体が自分のルーラーとなる。(→22・23ページ)

⑥質問内容のハウスのルーラーを確認する。相手がいる場合は、相手
　のハウスルーラーも確認する。(→22・23ページ)

⑦それぞれのルーラーの位置を確認する。

⑧ルーラー同士のアスペクトや特徴的なアスペクトを確認する。(→34
　〜39ページ)

⑨質問内容の結果のハウスを確認する。自分の恋愛を占う場合は、第5ハウスから数えて4番目の第8ハウスを見る。（→45・46ページ）

　以上の手順を踏まえ、各ハウスの役割を見ていきましょう。占いたいことがある人は、その事柄を表すハウスから読んでも構いません。

何を占う？

第1ハウス（アセンダントハウス）

the 1st House Lesson

> 質問者の人柄・状況、
> 行方不明者の捜索、寿命

第1ハウスは質問者自身を表します。ここを見ればどんな人か、どんな状況にいるかが判断できます。またこのハウスに外の天体がいる場合も重要です。その天体のハウスの事柄が現在起きているはずだからです。

　マレフィックな天体がいるか、逆行なら、本人がトラブルを抱えているか、とても苦しい状況にいます。

　反対に木星・金星・太陽がいて調和のアスペクトなら、大変幸運な状況にいると判断します。またその第1ハウスに天体がいる場合、その天体のハウスの出来事が今、その人の身に起こっています。

　たとえば、第8ハウスのルーラーが質問者のハウスにいる場合、遺産問題、パートナーの資産、死の問題のいずれかに頭を悩ませているでしょう。

　また身内や、知人、恋人の家出、出奔、あるいは行方不明になった人の捜索にも、このハウスが活躍してくれます。

　現代では、認知症の人が行方不明になるケースが社会問題となっていますが、本人の生死と居場所を捜し出すこともできます。

　顔見知りの場合には本人を第1ハウスにします。そうでない場合には第7ハウスを選びます。

　もし犯罪に巻き込まれた恐れが否定できないなら、犯人、容疑者は第7ハウスが示します。もし死亡している場合には、本人のルーラーは死に関連する第4、8、12ハウスのいずれかにいるケースが多いです。

質問者の人柄を占う

　第1ハウスのルーラーと、第1ハウス内にある天体が、質問者の外見と現在の状況を示します。質問者があなたの場合、第1ハウスのルーラーと第1ハウス内にある天体があなたのルーラーとなりますから、第1ハウスはとても重要なハウスとなります。

　10個の各天体が第1ハウスルーラーの場合、質問者はどんな人なのでしょう。1つずつ見ていきましょう。

◆第1ハウスのルーラーが太陽、もしくは第1ハウスに太陽がある場合

　風格のある人です。自信に溢れた態度、社会的地位、または資産の持ち主という場合もあります。

　また、質問した事柄が大変重要であることを示し、一気に解決に向かうでしょう。もし月・木星・火星とルーラーである太陽が良好なアスペクトを形成している場合には、大きな成功が訪れます。金星とのよいアスペクトは、散財を伴う成功を意味します。

　質問者は質問に対して優位に立っていますが、アスペクトが悪い場合は、失望する結果となるか、解決に手間取ります。

◆第1ハウスのルーラーが月、もしくは第1ハウスに月がある場合

　月はホラリーでは質問者の副ルーラーとしても使いますが、月が第1ハウスルーラーである場合には、その人は母性的で温和、決して表面に出ず、補佐役に徹し、義務に忠実な人です。また理論的に物事を

捉えるのではなく、情緒的な理解の仕方をするのが特徴です。

　第一印象は穏やかで、柔らかな物腰から人に好かれます。ただ従順な反面、気が変わりやすく、気まぐれです。他の天体とよいアスペクトの場合、周囲の支持を受け、人気を得ます。また家庭的な平和や、不動産の利益、あるいは何らかのよい変化が訪れるはずです。

　悪いアスペクトならば、反対の現象が起きます。常に変動し、他人の邪魔をしたり、義務を放棄したり、周囲といさかいが絶えません。

◆第1ハウスのルーラーが水星、あるいは第1ハウスに水星がある場合

　他天体と比較して、水星自体は吉凶いずれも持たず中立で、アスペクトを形成する天体によって幸運、不運の影響を受けるのが特徴です。

　水星は頭脳活動の分野と関係し、出版、契約、交通、旅行、コミュニケーションなどに関係を持つか、頭の回転の速い楽しい人です。

　水星が逆行している時や、他の天体と不運のアスペクトを形成していたら、これらの事柄にトラブルが生じます。また嘘の多い、その場しのぎの言葉で取り繕う人物と判断します。

　もし幸運の天体とよいアスペクトを形成し、水星が乙女サインに位置してディグニティにあるなら、質問者の望む結果が得られます。

◆第1ハウスのルーラーが金星、あるいは第1ハウスに金星がある場合

　この場合、質問者は美男美女か、華やかな雰囲気を持つなかなか魅力的な人でしょう。質問者のルーラーが金星のときは物事がスムーズに運び、たやすく周囲を説得し、同意を得ることも容易です。そして希望の実現も夢ではありません。

反面、他の天体と不運のアスペクトを形成していると、不注意による損失や、怠惰な態度、散財から災いを招きます。交流関係も不道徳なものとなったり、信用できない人物から損失を被ったりします。

◆第1ハウスのルーラーが木星、あるいは第1ハウスに木星がある場合

伸びやかな印象を与え、明るく楽天的に見られる人です。

木星は楽天性と幸運、保護、勇気、報酬、成功に導く先見性、立身出世、遂行するための資力を表します。

木星が第1ハウスルーラーで、他の天体とのアスペクトが悪いと、これらの事柄は過剰になり、マイナス面として現れます。過度な楽天性から計画の断念、散財へと陥りやすいので注意しましょう。

ただし、第1ハウス内に木星があれば、たとえアスペクトが悪くてもその不運は緩和されます。

◆第1ハウスのルーラーが土星、あるいは第1ハウスに土星がある場合

真面目、頑固で堅物、あるいは静かで落ち着いた印象を与える人です。

土星は不運な天体とされ、遅延、忍耐、心配、責任、限界といった試練を与え、質問者は逃れられない重責に悩みます。苦痛と恨みにもだえ、活路が見出せない暗澹とした状態です。

もし、火星・天王星・海王星・冥王星と悪いアスペクトがある場合、離婚や別離、殺人、盗難、逮捕などのトラブルの可能性があります。

反対に、それらの天体とのアスペクトが良好な場合には、年配者からの有益なアドバイスや協力を得られたり、昔の事柄が復活したり、間一髪でピンチから逃れられるといった、災いの中にも小さな幸運が

訪れるはずです。

　ただし、第1ハウスに土星がいる場合は不運です。ミューチュアル・リセプション以外、質問者の希望は成就しませんし、逆行しているなら他のアスペクトを見るまでもなく、願望は叶いません。

◆**第1ハウスのルーラーが火星、あるいは第1ハウスに火星がある場合**

　火星は不運の天体に分類されますが、よいアスペクトがあるなら、エネルギッシュな人でしょう。自己信頼と果敢な自力本願でことにあたり、成功を収めます。物事は急速に動くでしょう。

　逆に不運のアスペクトがある場合、性急さや無鉄砲さがトラブルを引き起こし、事故、損害、障害、けが、ハードワークなどを表します。

　また、月とのアスペクトはオポジション、スクエアなら喧嘩、口論あるいは手術を招きます。

◆**第1ハウスのルーラーが天王星、あるいは第1ハウスに天王星がある場合**

　天王星は、独創性とともに突発的な変化、変動を告げます。計画や絆を一瞬にして崩壊する予測不可能な出来事を意味します。自由への衝動から離婚に至ったり、他人によって試練がもたらされたりします。

　幸運なアスペクトの場合には、予想外の嬉しい出来事が起こりますが、不運のアスペクトの場合には、予期せぬ病気やトラブルが生じます。

　第1ハウスに天王星がある際には、大きなハプニングが生じ、大転換を余儀なくされることを肝に銘じて行動しましょう。

　天王星はいずれの場合でも、突発的な出来事の予測に用います。

◆第1ハウスのルーラーが海王星、あるいは第1ハウスに海王星がある場合

　第1ハウスに海王星がある、あるいは第1ハウスルーラーが海王星の場合、その人物は曖昧で不正直、かつ不品行な人、あるいは逃亡中か偽名を使用している人、嘘を平気でつく人と見ます。

　海王星が逆行しているなら、さらにそれらの特徴が強まります。すべてが不明確で、正体が掴みにくい状態です。

　月や水星と不運のアスペクトを形成していたら、損失と不正直をもたらします。また、月・水星以外の天体と不運のアスペクトにある場合には、健康に問題があるか、現実逃避、信用のおけない人か状態を意味します。

　一方、良好なアスペクトの場合には、海王星の美質である芸術性、インスピレーションが強調され、有能なアーティストを表します。また、サインが協力（水瓶か魚）の場合も、海王星のよい特徴が現れます。

◆第1ハウスのルーラーが冥王星、あるいは第1ハウスに冥王星がある場合

　冥王星は1930年に発見された新しい天体です。そのため役割の定義が難しく、いまだに諸説紛々としている状況ですが、核エネルギーをもたらすプルトニウムの発見された時代と呼応し合い、爆発的なエネルギーを持つとされています。善にも悪にも大きく作用するのが特徴です。

　なお、これは相手のルーラー、あるいは相手のハウス内の天体についても同じことが言えます。

行方不明者を捜す

　モダンホラリー占星術は、人生全般だけでなく、不幸な事件の予知や解決方法も最適なホロスコープを通して、解決へと導いてくれます。

　昨今、児童誘拐や認知症、あるいは事件に巻き込まれた失踪、行方不明者などの情報をよく目にするようになりました。そうした事件に巻き込まれたら、一刻も早く見つけ出したいものですね。かといって興信所に依頼するのは……と迷ったら、すぐにモダンホラリーで占ってみてください。強力な助っ人になるのは間違いありません。

　その際、重要となるのが第1ハウスです。なぜならこのハウスが行方不明者を表すからです。

　第1ハウスのルーラーが質問者の現状を、そして第1ハウス内にある天体がその人に起こっている状況を教えてくれます。

　もし木星・金星といった幸運の天体がいて、他の天体と調和した良好なアスペクトを形成しているなら、本人は無事です。

　反対に火星・土星・天王星・海王星といったトラブル、ハプニング・不運を示す天体があり、不運の角度を形成しているなら、事態は最悪です。もしそれが死のハウス第8・第12あるいは晩年を示す第4ハウスと絡むようであれば、殺人や事故死の可能性が濃厚です。

　事件が起きた現場については、69ページに掲載した生存場所の方位を参考にして判断してください。

生存の可能性が高いケース

❶本人のルーラーが死のハウス以外にあって、第1ハウスカスプ（アセンダント）、あるいは複数の天体と調和のアスペクトがある場合。

❷本人のハウスに木星・金星・太陽のいずれかがあって調和のアスペクトがある場合。

生存の可能性が低いケース

❶本人のルーラーが死のハウスとされる第4・8・12ハウスにある場合。

❷本人のルーラーが、死のハウスのルーラーあるいは、火星・土星・海王星・冥王星といったマレフィックな天体とコンジャンクションにある。ないしはアスペクトを形成している。マレフィックな天体同士での調和のアスペクトは凶作用となるので注意。

　居場所は本人のルーラーか、あるいはアスペクトを形成している天体があるハウスです。一方、事件性があり犯人の潜伏している場所を調べる場合は、犯人のルーラーがあるハウスか、アスペクトを形成しているハウスを見てください。

▼生存場所の方位

第1ハウス	東	第2ハウス	東北東	第3ハウス	北北東
第4ハウス	北	第5ハウス	北北西	第6ハウス	西北西
第7ハウス	西	第8ハウス	西南西	第9ハウス	南南西
第10ハウス	南	第11ハウス	南南東	第12ハウス	東南東

case 1

行方不明の5歳の少女は今無事ですか。
どこにいますか。

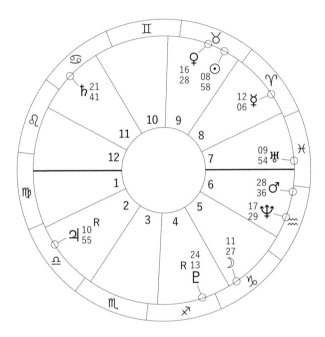

天体・サインのシンボル

⊙	太陽	♈	牡羊
☽	月	♉	牡牛
☿	水星	♊	双子
♀	金星	♋	蟹
♂	火星	♌	獅子
♃	木星	♍	乙女
♄	土星	♎	天秤
♅	天王星	♏	蠍
♆	海王星	♐	射手
♇	冥王星	♑	山羊
		♒	水瓶
		♓	魚

ハウス	サイン
第1	♍
第2	♎
第3	♏
第4	♐
第5	♑
第6	♒
第7	♓
第8	♈
第9	♉
第10	♊
第11	♋
第12	♌

2005年4月、K県でタケノコ掘りのイベントに参加していた5歳の少女が不幸にも行方不明になった事件です。

　今回は面識のない少女なので、第7ハウスを本人として第1ハウスにとります。そこからハウスをサイクルしていきます。

　第1ハウスは魚座で、ルーラーは海王星♆。これが第12ハウスにいます。副星と言われた木星♃もまた第8ハウスにいます。

　さらに第12ハウスには、暴力などを意味する火星♂がいます。また、天王星♅が第1ハウスカスプ、つまり魚座アセンダントにコンジャンクションしている点も特徴的です。そして天王星は第12ハウスのルーラーです。

　また、犯人がいると仮定した場合、第7ハウスを見ます。乙女サインで、犯人のルーラーは水星☿なので、若い男性の可能性があります。水星は木星とオポジションです。

　このように、関係する天体が第8・12ハウスにいることから、暴力を受けた可能性もうかがえます。また関係する天体がすべて死を表すハウスにあり、また第1ハウスを本人のハウスとしても、同じ結果が示されています。このことから、私は最悪の結果も覚悟した方がよいかもしれないと考えています。事件の早期解決を祈っております。

占うポイント

＊第1ハウス……本人の状態。ルーラーの位置。天体の有無

＊第7ハウス……犯人を示す。外見・状況を判断

＊死のハウス……第4・8・12ハウスに質問者のルーラーが
　　　　　　　　入っているかどうか

第2ハウス

the 2nd House Lesson

あなたの金運・財政状況
紛失物の在り処

第2ハウスは個人の資産、お金に関する事柄、紛失物・盗難・置き忘れた物を見るハウスです。

　第2ハウスルーラーがいるハウスが、その人の現在の金運と縁のある事柄です。また、もし第5ハウスにルーラーがいる場合には、株式、投機、ギャンブル関連の利益が見込まれます。その際、本人のルーラーと幸運のアスペクトなら利益が期待できますが、もしアスペクトが悪い場合には、損失となりますから注意しましょう。

　第3ハウスなら著述、通信、親戚などで、第4ハウスなら不動産、遺産、第6ハウスならバイトなど、第8ハウスなら遺産、オカルト関連、第9ハウスなら出版、第10ハウスならキャリアを生かしての収益があるでしょう。

　さらに第2ハウス内にいる天体にも注目します。この天体が質問者のルーラーと良好のアスペクトならば、何らかの利益が見込まれます。その際には、本人のルーラーのいる位置がどんな事柄で利益を得ることができるかを教えてくれます。

　たとえば第2ハウスに木星がいて、本人のルーラーが第11ハウスにありトラインを形成している時には、友人、団体などが収益源となるでしょう。

自分の金運を占う

　金運を見るハウスは第2ハウスです。それでは何から収益がもたらされるのでしょう。

　所得の他にも、お金のなる木はたくさんあります。たとえば、原稿料、株の売買から得るキャピタルゲイン、遺産など様々ですが、収益は次の2番目のハウスが表します。たとえば各ハウスは下記のような金運を運んできます。運勢が毎年変わるように、金運も変化するので、今、何にチャンスが向いているかを見極めた上で、運気を引き寄せるために積極的に行動するとよいでしょう。

第4ハウス……… 原稿料、アナウンス料などの収入（第3ハウスに関する事柄の収入）

第5ハウス……… 不動産収入（第4ハウスに関する事柄の収入）

第6ハウス……… 株式売買、FX、デジタル貨幣、投機の収入、ギャンブルの賞金

第8ハウス……… 遺産、配偶者・パートナー、保険金（第7ハウスからの収益）

第10ハウス…… 外国に関する収益、出版に関する印税

第11ハウス…… 事業の収益、所得

金運が好調な時

❶質問者と第2ハウスルーラーが良好な調和のアスペクト。もし金星・木星・太陽と好アスペクトなら、幸運が舞い込みます。天王星の場合は、思いがけない嬉しい臨時収入あり。

❷木星・金星・太陽などが位置しているハウスと質問者のルーラーが調和のアスペクトなら、そのハウスに関する収入。

金運が不調の時

❶質問者のルーラーが逆行していると、質問者自身の健康・運気が低調です。当然、金運もよくありません。

❷マレフィックな土星・火星・天王星・海王星・冥王星が質問者のハウス内にあるか、それらと質問者のルーラーが不調和のハードアスペクトなら、契約不履行・入院・詐欺・事故などに巻き込まれ、予期しない散財となる可能性あり。収入を求めるより、事故に巻き込まれないように慎重に行動してください。

case 2

雇用が不安定で収入が少なく金欠です。
今年の金運は好転しますか。

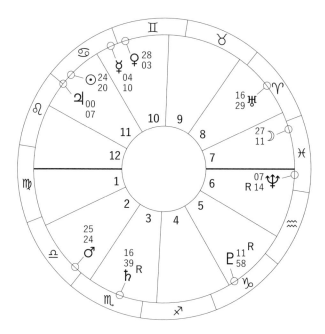

天体・サインのシンボル

⊙	太陽	♈	牡羊
☽	月	♉	牡牛
☿	水星	♊	双子
♀	金星	♋	蟹
♂	火星	♌	獅子
♃	木星	♍	乙女
♄	土星	♎	天秤
♅	天王星	♏	蠍
♆	海王星	♐	射手
♇	冥王星	♑	山羊
		♒	水瓶
		♓	魚

ハウス	サイン
第1	♍
第2	♎
第3	♏
第4	♐
第5	♑
第6	♒
第7	♓
第8	♈
第9	♉
第10	♊
第11	♋
第12	♌

非正規社員として働いている女性から、まもなく雇用期限が切れるので不安で仕方がないという相談です。

　本人のルーラーは水星☿で第10ハウス。ホロスコープから質問者が仕事に勤しむ姿がわかります。また水星は職場を示す第6ハウスの海王星♆とトラインの調和なので、よき同僚に恵まれているはずです。

　ただし金運は、トラブルを示す火星♂が第2ハウスにいることが気がかりです。火星は会社の収益を示す第11ハウスの太陽☉とスクエア。また第11ハウスルーラーの月☽は水星ともスクエアで不調和です。

　これは会社自体の経営があまり順調ではないことを示しています。当然、その事態は給料に反映されるでしょう。ただし火星は天秤サインにあって力は大変弱い状況なので、倒産はないと思われます。

　第2ハウスルーラーは金星♀ですが、残念ながら水星と金星はアスペクトがありません。金星と火星はトラインで調和。火星は第8ハウスルーラーです。いざという際には、失業保険が支えてくれます。

　現在、水星は調和のアスペクトが1つあるだけで、不安定な状況なのがわかります。ただ、結果を示す第4ハウスを見ても何の天体もないので、自主退社以外解雇の心配はありません。同僚とはよい関係を築いているので、有益なアドバイスや利益も得られるはずです。

占うポイント

＊質問者のハウス、第2ハウスの状況、トラブルの有無を見る

＊職場のハウスで経営状況を判断。本人のルーラーとの
　関係性を見る

紛失物を捜す

　必要な物が見当たらず、捜すのが大変だったという経験はありませんか。そんな時にもモダンホラリーが大変役立ってくれます。また、紛失物や置き忘れた物だけでなく、盗難品がどこにあるかについても教えてくれます。

　使用するハウスは質問者のハウスと第2ハウスです。質問者が自分、あるいは顔見知りなら、第1ハウス。それ以外は第7ハウスをとります。その場合、第8ハウスが第2ハウスとなります。さらに重要なのが紛失物の天体。これはアイテムごとに変化します。右のページの、天体が表す事柄をまとめた表を確認してください。

場所はアイテムの天体の位置で決まる

　次に、各ハウスがどんな場所を示しているかを見てみましょう。

第1・4・7・10ハウス……家の中、職場にあり短期間で見つかる。
第2・5・8・11ハウス……自宅や職場以外のさほど遠くないエリア。
第3・6・9・12ハウス……かなり離れているか、人目につかない場所
　　　　　　　　　　　　などで発見が難しい。

▼天体が表す事柄

月	日用品、家具、台所用品、ガラス製品、ショッピング、水に関する物や場所、レストラン、駐車場
水星	書類、帳簿、紙幣、小切手、手形、本、鍵、電話、旅行に関する事柄、心配事、盗聴に関する事柄
金星	香水や化粧品などおしゃれに関する物や場所
太陽	ゴージャスな物、贈り物、邸宅、銀行、スポーツ、ステージ
火星	刃物、武器、手術、事故、火に関する物や場所
木星	金銭、制服、法律で証明された権利や所有物、教育や宗教に関する事柄、動物、大学、病院、裁判所
土星	墓、ゴミ、靴、隠し場所、災難、下品な人、借金、敗北、絶望、地位の失墜
天王星	コンピュータ、テレビ、電気に関する物や場所、飛行機など現代的な乗り物、事故、災難、突然の変化、ギャンブラー、ハプニング
海王星	アルコール、模造品、代用品、薬品、海での生活全般、幻想、音楽、誘惑
冥王星	毒薬、地下資源、東洋資源、大きな災難、流産、不正、天気予報、ポルノ、葬式

サインが示す場所

　ハウスだけでなく、天体が位置するサインも重要なシグナルとなります、それぞれ見ていきましょう。

牡羊・獅子・射手

　家の中では中くらいの高さの場所を示します。その他、日当たりのよい場所や、火のそばというシグナルでもあります（ストーブやアイロンのそばなど）。

双子・天秤・水瓶

　家の中では高い場所です。戸外の場合は高台や、風通しのよい場所にあります。

蟹・蠍・魚

　家の中では低い場所を表します。特に水に関係する場所、シンクや洗面所、キッチン、結露のある場所などがあやしいです。戸外の場合は、じめじめした場所、湿地、海、湖などが当てはまります。

牡牛・乙女・山羊

　家の中では地面に接している場所です。床、ビルやマンションの1階、砂利、セメント、石の地面を示します。

　以上のいずれの場合にも、インターセプト（ハウスを持たないサイン）

にある場合は、どこかの間に挟まっているか、しまわれて目に見えない状態の場所にあります。書類やノートの間、タンスの中などです。

紛失物を捜す時の占い方

❶第2ハウスルーラーがどのハウスにいるかを確認する。

❷質問者のルーラーまたはハウス内にある天体と第2ハウスルーラー、または第2ハウス内にある天体が良好のアスペクトにあるか否かをチェック。良好ならすぐに見つかります。

❸アイテムの天体が質問者のルーラーないしは第1ハウス内の天体と良好のアスペクトにある場合。

❹どこにあるかは、紛失したアイテムが良好なアスペクトを形成しているなら、それらの天体が関連するハウスの方位。あるいは第2ハウスルーラーがある方位。いずれもアスペクトが決め手です。

❺天体が複数集合している場所も重要なポイント。

紛失物が見つかる場合

❶アイテムの天体が逆行である場合。

❷アイテムのルーラーと質問者のルーラーないしは第1ハウス内の天体が良好のアスペクトなら見つかります。

❸アイテムの天体が第1・4・7・10ハウス内なら家の中、職場にあり簡単に発見できます。

case 3

財布が見つかりません。
どこに置いたのでしょう。

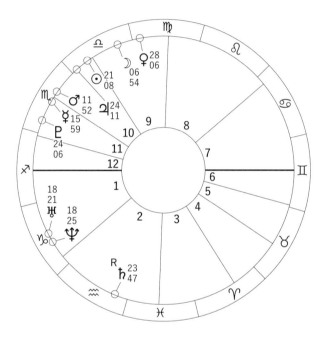

天体・サインのシンボル

☉	太陽	♈	牡羊
☽	月	♉	牡牛
☿	水星	♊	双子
♀	金星	♋	蟹
♂	火星	♌	獅子
♃	木星	♍	乙女
♄	土星	♎	天秤
♅	天王星	♏	蠍
♆	海王星	♐	射手
♇	冥王星	♑	山羊
		♒	水瓶
		♓	魚

ハウス	サイン
第1	♐
第2	♑
第3	♓
第4	♈
第5	♉
第6	♊
第7	♊
第8	♋
第9	♍
第10	♎
第11	♏
第12	♐

紛失物を捜す際には、ハウスの他にその物の天体も参考にするとよいでしょう。

　財布はお金と縁があるので金星♀が司ります。質問者のルーラーは木星♃、第2ハウスルーラーは土星♄で逆行です。

　第1ハウスには天王星♅と海王星♆がいて、本人が突然の出来事に驚いている様子がわかります。

　紛失物のルーラーの逆行は戻るシグナルです。

　また土星は木星と調和なのでこれもまた朗報です。しかもほぼ正確なトラインなので、まもなく見つかることがわかります。

　では財布はどこにあるのでしょう。

　財布を示す金星は第9ハウスにあります。木星は第10ハウスにあるので場所は家の中で、方位は南から東南の方向。生活に密着した場所、ソファーやキッチンの棚などにあると判断します。

　実際、財布は食器棚のところに置き忘れていたのが見つかりました。

占うポイント

＊第1ハウスないしは質問者のハウスとルーラーの状況

＊第2ハウスとルーラーの状況、ルーラーはどこにいるか

＊アイテムの天体が逆行かどうか

＊アイテムのルーラーと、質問者・持ち主のルーラーないしは第1ハウスの天体のアスペクトは良好か

case 4

盗まれた銅像はどこにありますか。
犯人は捕まりますか。

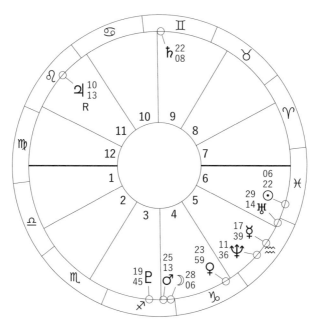

天体・サインのシンボル

☉	太陽	♈	牡羊
☽	月	♉	牡牛
☿	水星	♊	双子
♀	金星	♋	蟹
♂	火星	♌	獅子
♃	木星	♍	乙女
♄	土星	♎	天秤
♅	天王星	♏	蠍
♆	海王星	♐	射手
♇	冥王星	♑	山羊
		♒	水瓶
		♓	魚

ハウス	サイン
第1	♍
第2	♎
第3	♏
第4	♐
第5	♑
第6	♒
第7	♓
第8	♈
第9	♉
第10	♊
第11	♋
第12	♌

2003年2月、S県の公園で子供の銅像が盗まれました。果たして銅像は戻るでしょうか。また、犯人は捕まるでしょうか。こちらは事件発覚当時に占ったものです。

質問者である市民は第1ハウスをとり、ルーラーは水星☿です。このホロスコープでは第1ハウスルーラーの水星と第7ハウスルーラーの海王星♆がコンジャンクション。海王星と木星♃がオポジション。月☽と火星♂もコンジャンクションで、盗難であることが一目瞭然です。

特徴的なのは第4ハウスに重要な3つの天体が集合していることです。それは、火星・月・金星♀です。銅像を示す金星・準ルーラーの月、盗難を示す火星。いずれもアンギュラーハウスの第4ハウスにいるので、近隣にあり、すぐに発見されると判断しました。

金星は北西に位置しているのでその方位にあると見ます。実際のところ、数日後、10キロほど離れた川沿いの場所に放置されているのが見つかったそうです。方位はまさしく北北西でした。さて犯人ですが、ルーラーの海王星は警察を示す土星♄とは何のアスペクトもありません。また木星とはオポジションで幸運が保証されています。そのため、このホロスコープを見る限りでは、犯人逮捕は難しいかもしれません。ただ、盗まれた銅像が見つかって一安心ですね。

占うポイント

＊アイテムの天体が逆行かどうか

＊アイテムのルーラーと、質問者・持ち主のルーラーないしは第1ハウス内の天体のアスペクトは良好か

＊アイテムのルーラーがアンギュラーハウス（第1・4・7・10）にあるかどうか

第3ハウス

the 3rd House Lesson

国内旅行、メールなどの
コミュニケーションの状況

短期間の旅行、学校（大学は含まない）、近所、兄弟、訪問客、手紙、メッセージ、ゴシップ、噂の真実・広告などを占います。

　もし質問者のルーラーと第３ハウスルーラーがトラインやセクスタイルといった調和のアスペクトなら、もたらされた情報や訪問客は有益でしょう。

　反対に質問者のルーラーがマレフィックな天体である場合や、または第３ハウスの本来の天体である水星とスクエア、オポジションといったアスペクトにあるなら、信用のおけない人や情報によってトラブルに巻き込まれます。

国内旅行を占う

旅行を楽しく、安全に過ごしたい

　短期間の近場の旅行は第3ハウス、海外旅行など遠距離の場合には第9ハウスを見ます。水星はすべての旅行を表します。

　旅行がどうなるかは、第1ハウスルーラーと第3ハウスルーラーや第3ハウスにある天体との関係でわかります。互いによいサイン・ハウスにあり、アスペクトも良好な場合、また金星・木星・太陽が第3ハウスにあり、質問者のルーラーと良好なアスペクトにある時は、快適な旅になります。反対にマレフィックな天体が第3ハウスにいる場合は、期待はずれな旅となるか、ビジネスの出張なら不利益をもたらします。

　第3ハウスにいる天体が木星・金星と悪いアスペクトにある時は、利益どころか出費がかさむでしょう。土星ならば、交通手段の渋滞や列車の遅れやら、道を間違えるなどのトラブル。火星は事故、喧嘩、盗難といったアクシデント。天王星ならば、爆発、破裂などの予期しないトラブル。海王星は不可解な事件に巻き込まれる恐れがあります。

延期かキャンセルになる場合

　第3ハウスに逆行している天体がいるか、水星が逆行の場合には、本人が旅行に乗り気になれず、延期になります。また第3ハウスルーラーが逆行か、マレフィックな天体と不調和のアスペクトの際も、旅行先が変更になります。

case 5

北海道旅行か沖縄旅行、
どちらの方が楽しめるでしょうか。

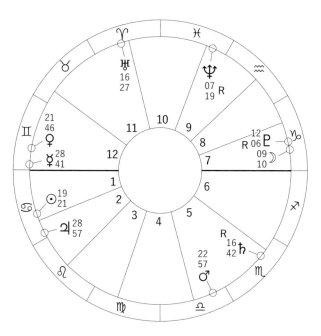

天体・サインのシンボル

☉	太陽	♈	牡羊
☽	月	♉	牡牛
☿	水星	♊	双子
♀	金星	♋	蟹
♂	火星	♌	獅子
♃	木星	♍	乙女
♄	土星	♎	天秤
♅	天王星	♏	蠍
♆	海王星	♐	射手
♇	冥王星	♑	山羊
		♒	水瓶
		♓	魚

ハウス	サイン
第1	♋
第2	♋
第3	♌
第4	♍
第5	♎
第6	♏
第7	♑
第8	♑
第9	♒
第10	♓
第11	♈
第12	♉

北海道、沖縄のどちらを選ぶか迷っている人からの質問です。使用するハウスは第3ハウスと第1ハウスと第7ハウスです。沖縄を第1ハウスにします。

　このホロスコープは答えがはっきりしています。

　質問者の本音は月☽で、食べ物がおいしい第7ハウスの北海道に傾いているようですが、最終的には沖縄を選びます。

　第3ハウスルーラーの太陽☉が第1ハウスにあるからです。それでも月と太陽は正反対の位置にあり、にらみ合っているので、決定した後も未練が残るはずです。

　第3ハウスには何の天体もなく事故に遭うことはないでしょう。ただし、娯楽・レジャーを示すハウスの第5ハウスに火星♂がいて、太陽と不調和。さらに海王星♆とも不調和なので、食べ物にこだわるあなたには北海道の方が向いていたかもしれません。多少、後悔の残る旅となるでしょう。

占うポイント

＊第3ハウスと第1ハウスと第7ハウスを使用する

＊質問者と各ルーラーの状況・アスペクト

恋人と気まずくなりました。
彼から連絡は来るでしょうか。

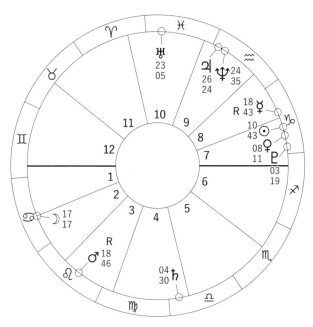

天体・サインのシンボル

⊙	太陽	♈	牡羊
☽	月	♉	牡牛
☿	水星	♊	双子
♀	金星	♋	蟹
♂	火星	♌	獅子
♃	木星	♍	乙女
♄	土星	♎	天秤
♅	天王星	♏	蠍
♆	海王星	♐	射手
♇	冥王星	♑	山羊
		♒	水瓶
		♓	魚

ハウス	サイン
第1	♊
第2	♋
第3	♌
第4	♍
第5	♎
第6	♏
第7	♐
第8	♑
第9	♒
第10	♓
第11	♈
第12	♉

恋人にキスをしてほしいと要求して以来、メールも電話もないという女性からの質問です。女性は仲直りしたいと考え、彼から電話がかかってくるのを心待ちにしています。さて望みは叶うでしょうか。

　彼女は第1ハウスルーラー水星☿、彼は第7ハウスルーラー木星♃です。彼女がこの突然のトラブルに真剣に悩んでいることを、第3ハウスにいる逆行の火星♂が示しています。火星はトラブルの象徴ですが、それが木星とオポジションで不調和のアスペクトです。水星とも150度の調整のアスペクトにあります。

　さらに水星と木星にはアスペクトはありません。一方、彼のハウスには冥王星♇・金星♀・太陽☉と3つの天体が位置しています。

　男性は女性に人気がありますね。木星なので好奇心が強く、陽気で会話も楽しいはずです。そして彼には、現在別に好きな女性がいるはずです。というのは隠れた恋人を示す双方の第12ハウスのルーラーの金星と冥王星の両方が位置しているからです。

　一方、質問者の女性は逆行の水星で立場が弱い状況です。未来を見ても、月☽と不調和なので、この先、発展はないでしょう。この際、きっぱりと別れ、新たな恋人を探すことをおすすめします。

占うポイント

＊第3ハウスと第1ハウスと第7ハウスを使用する

＊質問者と各ルーラーの状況・アスペクト

＊第3ハウスルーラーと質問者のアスペクトは良好か

中傷や噂について占う

　多かれ少なかれ誰もが経験している中傷やゴシップ。割り切って気にせずにいられればいいのですが、無視できないケースもあります。被害にあったら、ノイローゼになる前に、モダンホラリーで占ってみてください。ヒントを授けてくれます。

　ただし、首謀者がある程度特定できているのが条件です。悪意を向けられているけれども、その相手が特定できないなど、匿名である場合には第12ハウスを使用します。

　噂は言語によるコミュニケーションなので、第3ハウスが担います。占う際には、質問者のハウス、及びそのルーラーないしは月。さらに言語を示す水星、第3ハウスルーラーがどのようなアスペクトにあるかで判断していきます。

　もし自分が陰口の渦中にあるとしたなら、第1ハウスと第3ハウス。第三者の場合には、人物に適したハウスを、恋人なら第5ハウスが第1ハウスとなり、第7ハウスが第3ハウスとなります。もし両方のハウスルーラーが不調和であるなら、噂によりダメージを受けます。もしアスペクトがなかったなら、噂は時間の経過とともに消滅します。

中傷や嫌がらせの犯人は誰？

中傷の文書やメールは第3ハウスですが、それらを送ってきた人物は第3ハウスルーラーが示します。

第1ハウス内にある天体は、質問者に敵意、関心を抱いている人を表します。第3ハウスルーラーや、複数の天体がある場合、反感を抱いている人は複数となります。

・第3ハウスルーラーがアンギュラーハウス（第1・4・7・10）にあれば、知人か面識のある人です。
・第1ハウスルーラー、あるいは月が、第3ハウスルーラーとアスペクトがない場合には、まったく面識のない人です。

case 7

誹謗中傷の手紙を
送ってきたのは誰？

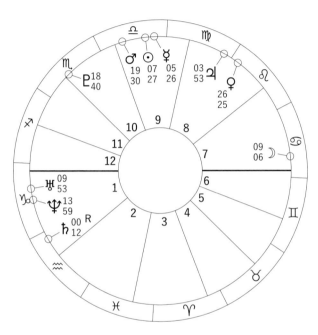

天体・サインのシンボル

⊙	太陽
☽	月
☿	水星
♀	金星
♂	火星
♃	木星
♄	土星
♅	天王星
♆	海王星
♇	冥王星

♈	牡羊
♉	牡牛
♊	双子
♋	蟹
♌	獅子
♍	乙女
♎	天秤
♏	蠍
♐	射手
♑	山羊
♒	水瓶
♓	魚

ハウス	サイン
第1	♑
第2	♒
第3	♓
第4	♈
第5	♉
第6	♊
第7	♋
第8	♌
第9	♍
第10	♎
第11	♏
第12	♐

質問者は40代の女性で大学の非常勤講師です。突然自分に対する誹謗中傷の手紙が送りつけられてきて、驚いているということでした。

　ホロスコープを見て特徴的なのは、第1ハウスカスプ（アセンダント）付近に天王星が乗っていること。さらに第1ハウスと第9ハウスにそれぞれ3つの天体があることです。

　第1ハウスは質問者。ルーラーは土星♄。そして第9ハウスは勤務先の大学です。第3ハウスは手紙を送りつけた人物で海王星♆です。それがまさしく彼女の第1ハウスにあることから、送り主は、彼女をよく知る同僚の講師と判断できます。

　このホロスコープは見事なまで正確に、彼女の状況を表しています。

　怪文書を知った時の彼女の驚きがどれほどであったかは、ハプニングを示す天王星♅が表しています。まさに青天の霹靂だったでしょう。

　それでもルーラーの土星が第1ハウスにいることから、彼女は動じず、自分に非があったとは認めていません。職場では彼女のことが話題になっている様子が、第9ハウスにある複数の天体の存在でわかります。火星♂と海王星のスクエアは、怪文書の送り主が男性で、職場での彼女に大変批判的であることを示しています。

　ただし他の同僚を表す水星☿、そして大御所となる教授の太陽☉は、調和したアスペクトのトラインを形成しているので、彼女は職場では一定の信頼を受けている様子です。反対に糾弾した男性には味方を示す調和したアスペクトがなく、孤立無援です。

　さらに女性にとって幸運なのは、同僚とともに文書を表す水星が太陽に2度と非常に接近していることです。これは焼き尽くすという意味合いがあり、まもなくこの事件は沈静化されていくことを暗示しています。

　というわけで、彼女は決定的なダメージを受けることはありません。現に、質問者は解雇という憂き目にあうことなく、勤務し続けています。

占うポイント

＊第3ハウスが中傷の文書やメールの差出人を示す

＊第1ハウス内に複数の天体があるかどうか。複数の天体がマレフィックなら反感を抱いている人が多数いる

＊質問者と調和のアスペクトが多ければダメージは少ない

子供の進学問題を占う

　親であれば、子供の幸せを願うものです。そのために頭を悩ますのが教育問題ですね。特に昨今は競争が熾烈になっているだけに、受験を準備するスタートも早く、英才教育も盛んです。

　第3ハウスは初等教育や通信教育の問題を司るハウスでもあります。進学、進路に迷った時は占ってみてください。適切なヒントを与えてくれるはずです。ただしこのハウスの対象は保育園、幼稚園、小学校、中学校までです。

　必要なハウスは、第1（質問者）・第7（配偶者）・第3（進学したい学校）・第5（子供）・第6ハウス（結果）。さらに大学進学ならば第9ハウスを選びます。

　これらのハウスが調和のアスペクトであるなら、選択はお子さんの気質に合っていて、プラスに作用するでしょう。反対に不調和なら向きません。ドロップアウトする可能性もあるので一考するべきです。

case 8

子供を私立小学校に入れたいが、 夫が猛反対。 どうしたら？

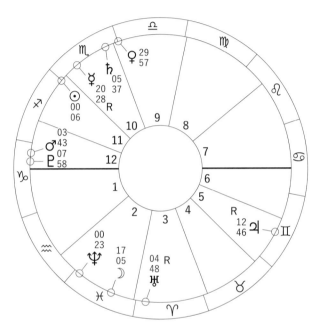

天体・サインのシンボル

⊙	太陽
☽	月
☿	水星
♀	金星
♂	火星
♃	木星
♄	土星
♅	天王星
♆	海王星
♇	冥王星

♈	牡羊
♉	牡牛
♊	双子
♋	蟹
♌	獅子
♍	乙女
♎	天秤
♏	蠍
♐	射手
♑	山羊
♒	水瓶
♓	魚

ハウス	サイン
第1	♑
第2	♒
第3	♓
第4	♉
第5	♉
第6	♊
第7	♋
第8	♌
第9	♍
第10	♏
第11	♏
第12	♐

小学校に上がる息子さんの進学について、頭を悩ませている女性からの質問です。周囲には言動や子供の叱り方が乱暴な親が多く、我が子に影響が及ぶ心配から、近くにある私立小学校に進学させたいと考えています。一方、父親はそんな必要はないと大反対。家庭内では口論が絶えません。さてどのようにしたらいいのでしょうか。

　大切なのは、息子さんが学校で個性と能力を発揮し、伸びやかに過ごせるかどうかです。それではホロスコープを見ていきましょう。

　母親が質問者であるため今回は第7ハウスを第1ハウスとしてサイクルさせます。ルーラーは月☽。父親は反対の第1ハウス。ルーラーは土星♄。学校は第3ハウス、乙女サインの水星☿。さらに天秤サインの金星♀もルーラーとなります。子供は第5ハウス。ルーラーは冥王星♇。ハウス内に太陽☉がいるので、とても明るく活発なお子さんであることがわかります。

　ホロスコープを見ると、家庭を示す第4ハウス（第10ハウス）に父親の土星と学校の水星が背中合わせに位置している点から、家庭内で進学問題がクローズアップされているのが見てとれます。

　気になるのは学校がインターセプトサインであり、天秤サインが入っていることです。水星は逆行。金星もまたルーラーとなりますが、孤立を意味する29度です。ここから私立小学校は、高級感のあるイメージとは裏腹に、公にはできない問題点があるように見受けられる上、予想外の寄付などの出費もありそうです。

　息子さんは蠍座、ルーラーの冥王星は進学した結果を示す第6ハウスにいて、トラブルの火星♂とコンジャンクションなので、私立小学校に進学した場合トラブルが予想されます。一方、父親のハウスカスプには接近して、父親のルーラーの土星ともアスペクトは良好。母親とはアスペクトがありません。さらに私立小学校の水星、金星ともノーアスペクト。ここから見て、息子さんは父親の意見に賛成している様

子がわかります。友達が行く公立小学校に行きたいようです。

　さて、このまま私立小学校へ進学したら結果はどうなるでしょう。冥王星・金星・土星・海王星♆は幅広ながら、調和のアスペクトを形成しています。しかしこれは感心しません。マレフィックな天体同士の調和は出費、怠惰といったマイナス面として現れやすいからです。悪友からの影響も考えられます。さらに先の大学進学にまで目を転じると、結果を示すハウスルーラーの天王星が逆行している上、火星・冥王星とスクエアの不調和です。こうした点から、私立小学校の教育方針が彼に向いているとは思えません。むしろエスカレーター式の教育が学習意欲を奪い、怠惰にしてしまう可能性も考えられます。

　まず進学を決める前に、息子さんの気質をよく見極め、本人の希望や意見に耳を傾けてください。また学校の運営状況、教育システム、教師間でのトラブルなどを調べることも重要です。ここは、大人の主観だけで判断しないで、息子さんにとって何が最適か、よく考えて進学先を決める必要があるようです。

占うポイント

＊第3ハウスの状況と本人のルーラーの状況を見る

＊結果の第6ハウスもチェック。本人と調和しているか

＊大学などの進学を目指す時は第9ハウスも確認する

＊第4ハウスを母親とするのは第三者から見た場合。また第4ハウスは家庭問題を扱うので重複を避け、第7ハウスを選ぶ

第4ハウス

the 4th House Lesson

不動産運、転居、遺産相続、家族

第4ハウスは、家族、土地、住宅、ビルなどの不動産、及びその売買、遺産相続などに関する質問に適しています。

　またすべての質問の結末を見るハウスでもあり、質問者のルーラーと第4ハウスのルーラーのアスペクトが良好な場合には、希望は叶えられるでしょう。このハウスに木星・金星・太陽などがいて調和している場合、家庭円満、遺産相続、不動産取引に関して幸運です。

　逆に土星・火星・天王星・海王星がいると、事故、予期しない損失、詐欺、横領または家族に神経症を患う人が出るなどのトラブルに見舞われます。

不動産を占う

住宅を購入する場合

　第1ハウスルーラー、ハウスにいる天体が購入者を、そして第7ハウスルーラー及び第7ハウスにいる天体が不動産業者、そして第10ハウスは価格を、第4ハウスルーラー及びハウスにいる天体が不動産の物件を示します。

　不動産価格が適正かどうか、また相手が値引きに応じるか否かについては、第10ハウスルーラーと第10ハウスの天体を見ます。

　もし第10ハウスのルーラーがいるハウスが強力なアンギュラーハウス（第1・4・7・10）、かつカーディナルサイン（牡羊・蟹・天秤・山羊）ならば、価格は相場より高めです。逆にミュータブルサイン（双子・乙女・射手・魚）でケーデントハウス（第3・6・9・12）ならば価格は安いでしょう。

不動産取引に失敗しないために

　不動産を購入する際には、その会社が信頼できるかどうかが非常に重要です。

　手抜き工事などのトラブルがある物件を掴まないためにも、信頼できる施工会社を選びたいものです。その際にも、モダンホラリーがヒントを与えてくれます。この場合、本人の第1ハウスと施工会社の第7ハウス、そして住宅を示す第4ハウスのルーラーがキーワードとなります。

・第1ハウスルーラーと第7ハウスルーラーがよいアスペクトにある時、相手企業や販売会社は信頼できて誠実です。反対にスクエアかオポジションの場合、問題があるので取り引きは中止するべきです。

・購入する物件については、第1ハウスルーラーが物件の第4ハウスルーラーと調和のアスペクトにあるか、第1ハウスルーラーが第4ハウスにあるか、あるいは第4ハウスルーラーが第1ハウスにある場合、この物件はおすすめです。

・質問者が売り主の場合には第1ハウスをとり、購入者は第7ハウスになります。

後悔しない契約をするために

契約する場合、相手の第7ハウスを見ます。

契約相手が信頼おけない場合は、第7ハウスにマレフィックか、逆行の天体がいます。また価格を示す第10ハウスも同様です。

詐欺、嘘を示す海王星、逆行の水星か、トラブルの火星がいる場合、非常に警戒を要します。売り手が信用できない人物のため、嘘、詐欺、直前の変更、契約不履行といったトラブルが生じると見ます。できたら契約はしない方が無難です。もしどうしてもという場合は、くれぐれも注意して取り引きしましょう。

転居して後悔しないために

長い人生に転居はつきものです。

転居した後、こんなはずではなかったなどと後悔しないために、気に入った物件に出会ったならば、転居した方がよいのか、それともとどまった方がよいのかをモダンホラリーで調べてみましょう。必要なハウスは第1・第4・第7・第10ハウスとそのルーラーです。

第1ハウスルーラーが質問者を、そして第4ハウスとハウスルーラーが現在の家を、第7ハウスとルーラーが希望する新居の土地と家を、そして第10ハウスが転居後の結果を表します。

現在の家にとどまった方がよい場合

現在の家にとどまった方がよい時は、現在の家を表す第4ハウスがとてもよい状態の時です。第4ハウスと質問者のルーラーが幸運の場合には転居は見合わせた方がベストです。反対に転居した方がよいケースは、第4ハウスの状態が悪い時です。また転居先を示す第7ハウスの状態がよい場合も、現在の家にとどまるより、転居した方がよいでしょう。

case 9

新築マンションの購入に迷っています。
どちらを選ぶべきでしょうか。

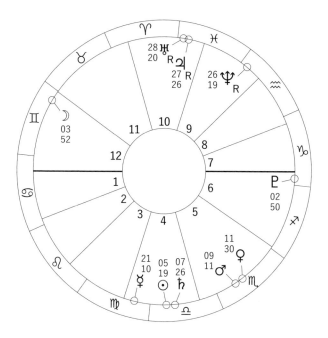

天体・サインのシンボル

☉	太陽	♈	牡羊
☽	月	♉	牡牛
☿	水星	♊	双子
♀	金星	♋	蟹
♂	火星	♌	獅子
♃	木星	♍	乙女
♄	土星	♎	天秤
♅	天王星	♏	蠍
♆	海王星	♐	射手
♇	冥王星	♑	山羊
		♒	水瓶
		♓	魚

ハウス	サイン
第1	♋
第2	♋
第3	♌
第4	♍
第5	♎
第6	♐
第7	♑
第8	♑
第9	♒
第10	♓
第11	♈
第12	♊

我が家を購入することは、誰にとっても人生における一大イベントです。大きな買い物ですから、後でしまったと後悔しないためにも、入念なチェックが欠かせません。選択に迷った時はモダンホラリーで占ってみてください。適切なヒントを与えてくれるはずですよ。

　今回は大阪府内の新築マンションの購入を検討している女性からの相談です。摂津市にある物件と豊中市にある物件のどちらを選ぶべきか迷っているということでした。今回は新築なので、仲介する不動産業者はいません。

　摂津市の物件をAとして第4ハウスに、さらに豊中市の物件をBとして第10ハウスにとります。

　第1ハウスが質問者。蟹サインなのでルーラーは月 ☽ です。次に第4ハウスがA物件。乙女サインなのでルーラーは水星 ☿ です。そして第10ハウスがB物件。魚サインなので、ルーラーは海王星 ♆ で逆行しています。

　ホロスコープを見て特徴的なのは、第4・10ハウス双方に天体が複数ある点です。このことから、質問者がどちらのマンションも気に入っていて、選択に迷っている様子がわかります。さらに質問者の月は両ハウス内の天体に調和したアスペクトを形成していて、どちらもすぐれた物件と言えそうです。

　それではまず、第4ハウスのA物件から見ていきましょう。ハウス内には水星 ☿・太陽・土星 ♄ がいます。太陽は第3ハウスルーラーなので、近隣、コミュニケーションを表し、土星もまた第7ハウスルーラーなので対人関係を示しています。この両天体が質問者と調和のアスペクトなので、交流関係が活発になり、有力者、年配者からの有益なアドバイスや協力が得られると推測できます。

　ただし、対人関係が活発になれば、摩擦の機会も当然増えるものです。ましてや居住者が若い同世代となれば、それは当然かもしれません。

それについては、第7ハウスのカスプと不調和のスクエアが示しています。また冥王星♇は子供を示す第5ハウスルーラーも巻き込んでいるので、子供に関する摩擦が起きる可能性もありそうです。

　次に第10ハウスのB物件を見てみましょう。先に述べた通り、この物件もまた木星・天王星・月は調和しています。この点から立地などの条件は申し分ないと言えるでしょう。ただし、木星・天王星・海王星はすべて逆行です。また第10ハウスルーラーの海王星と月は不調和です。さらに木星と天王星はコンジャンクションで背中合わせになっています。ここから入居後、予想もしないトラブルが発生する事態が考えられます。総合的に判断して、外見からはわからない予想外の瑕疵が潜んでいる可能性が疑われます。また物件自体も海王星の逆行なので、物件カタログの内容に虚偽がある可能性も見え隠れします。

　以上の理由から、摂津市のマンションをおすすめします。

占うポイント

＊質問者・物件・不動産業者のハウスを調べる

＊マレフィックな天体、逆行している天体がある場合は嘘や瑕疵があるので要注意

＊質問者と物件のアスペクトが良好だとお買い得

第5ハウス

the 5th House Lesson

恋愛、子供、妊娠、ギャンブル、
選挙、スポーツの勝敗

第5ハウスが担う役割は、エンターテインメント全般にわたります。

　恋愛、セックス、妊娠、子供、株式、投機、不動産収入、選挙、スポーツ、コンテスト、受賞、宝くじ、ギャンブル、芸能、創造性などに関連する質問に適しています。

　占う際には、第1ハウスと第5ハウスルーラー及びハウス内の天体とのアスペクトで判断します。

宝くじ、ギャンブルを占う

　宝くじやギャンブルを占う時は、第5ハウスの他に、質問者の第1ハウス、そして金銭を司る第2ハウスが関連ハウスになります。

　この3つのハウスに幸運の天体がいるか、アスペクトがよいことが勝利の条件です。

　第1ハウスルーラー、木星、金星が第1・第2・第5ハウスにいるか、木星・金星が第1・第2ハウスルーラーに対して調和のアスペクトの場合、大変ラッキーです。

　しかし、木星・金星が反対のハウス、つまり第7・第8ハウスにいる場合、あるいはそのハウスルーラーに対して木星・金星が好アスペクトにある場合には、ツキはあなた以外の他人にあります。

コンテスト、選挙の勝敗を占う

　勝敗については、第5ハウスの他に、本人の第1ハウスとライバルの第7ハウスを見ます。2人の人物の勝敗を同時に尋ねる際には、どちらのハウスにするか前もって決めておくことが大切です。

　勝敗を占う場合、個別のホロスコープで占うか、1つのホロスコープで2人の勝敗を同時に判断することもできます。

　もし、よく知っている1人の人物を占う場合は、第1ハウスを本人とします。それから占う対象のルーラーを見て、どちらが強力かを見ます。これでコンディション、条件の優劣がわかります。

　次にアスペクトです。たとえばルーラーが弱いにもかかわらず、アスペクトが調和しているケースがあります。この場合には、勝利したとしても望むような結果を得ることはできません。反対にマレフィックな天体でも本来のサインにいて強力な場合、たとえば土星が山羊サインにあるようなケースでは、たとえ相手が負けてもなかなか手強く、勝利する側も苦戦します。

　勝利する場合には、第5ハウスルーラーが勝利する側のハウスにあるか、本人・チームのルーラーが第5ハウスにあります。

　あるいは第5ハウスルーラー、ないしは第5ハウスにある天体と調和のアスペクトにある時です。もしマレフィックな天体がいて、さらに不運のアスペクト（スクエアあるいはオポジション）ならば負けます。双方が第5ハウスルーラーに対して調和のアスペクトにあれば、引き分けとなるでしょう。

case 10

北京冬季オリンピック、
鍵山選手は優勝できるでしょうか。

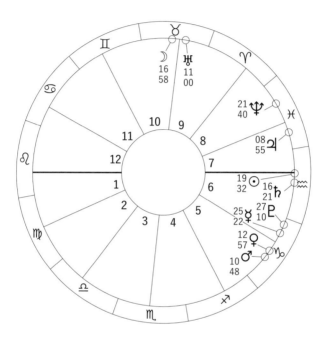

天体・サインのシンボル

⊙	太陽	♈	牡羊
☽	月	♉	牡牛
☿	水星	♊	双子
♀	金星	♋	蟹
♂	火星	♌	獅子
♃	木星	♍	乙女
♄	土星	♎	天秤
♅	天王星	♏	蠍
♆	海王星	♐	射手
♇	冥王星	♑	山羊
		♒	水瓶
		♓	魚

ハウス	サイン
第1	♌
第2	♍
第3	♎
第4	♏
第5	♐
第6	♑
第7	♒
第8	♓
第9	♈
第10	♉
第11	♊
第12	♋

2022年の北京冬季オリンピック。華やかにフィギュアスケート男子が開幕しましたが、予想に反して羽生結弦選手に不運が生じ、反対に鍵山優真選手に幸運の女神が微笑みました。ショートプログラムで堂々の2位。そうなると優勝が気になるところです。果たして鍵山選手はネイサン・チェン選手に勝つことができるでしょうか。それでは見ていきましょう。

　鍵山選手は第1ハウス獅子座。ルーラーは太陽☉。チェン選手は第7ハウス、水瓶座。ルーラーは天王星♅。さらにスポーツの勝敗を決める第5ハウスは射手座。ルーラーは木星♃です。

　第1ハウスには何の天体もない上、太陽は木星ともノーアスペクトです。片やチェン選手はといえば、何と勝敗を決める木星が彼のハウスに入っています。これで勝敗は明確です。結果はご存じのように、フリーではチェン選手が優勝しました。

占うポイント

＊宝くじ、投機の場合は質問者のハウスと第5ハウス、さらに第2ハウスのアスペクトと状況を見る

＊スポーツ・ギャンブルの勝敗は、占う相手やチーム、動物（競馬などの場合）のハウスのルーラーが強力で良好なアスペクトを持つかで決まる

case 11

全米オープンテニス、
錦織選手は優勝できるでしょうか。

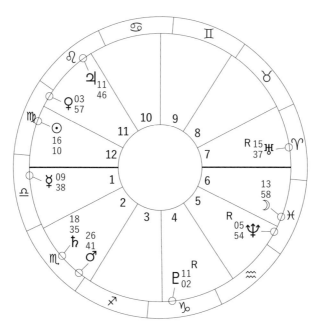

天体・サインのシンボル

⊙	太陽		♈	牡羊
☽	月		♉	牡牛
☿	水星		♊	双子
♀	金星		♋	蟹
♂	火星		♌	獅子
♃	木星		♍	乙女
♄	土星		♎	天秤
♅	天王星		♏	蠍
♆	海王星		♐	射手
♇	冥王星		♑	山羊
			♒	水瓶
			♓	魚

ハウス	サイン
第1	♎
第2	♏
第3	♐
第4	♑
第5	♒
第6	♓
第7	♈
第8	♉
第9	♊
第10	♋
第11	♌
第12	♍

2014年、テニス世界ランキング1位のノバク・ジョコビッチ選手に快勝して、全米オープンテニスで日本選手として初めての決勝進出を果たした錦織圭選手。日本中が彼の活躍に湧きました。さて決勝では待望の勝利を掴めるでしょうか。

　試合当日の朝、占ってみました。

　錦織選手は第1ハウスでルーラーは金星♀です。ハウス内には水星☿が位置しています。対戦相手のマリン・チリッチ選手は第7ハウス、ルーラーは火星♂で蠍サインなので大変強力です。スポーツの勝敗を占う第5ハウスルーラーは天王星♅で、ハウス内に逆行の海王星♆がいます。

　残念なことに、勝負の天王星はチリッチ選手の第7ハウスにいます。また、栄光の太陽☉と火星は幅広ながら調和のアスペクトを形成。

　一方、錦織選手はといえば、金星は第5ハウスの逆行の海王星とオポジション。相手の作戦が彼にとって読みづらく、予想外の苦戦と緊張を強いられる状況を示しています。

　また彼にはこの時、援軍となるアスペクトが皆無なのも致命傷でした。結果はご存じの通り、チリッチ選手が優勝しました。

占うポイント

＊前もって占いたい相手・チームのハウスを第1・第7のいずれにするか決める

＊第5ハウス及びルーラーとチームのアスペクトを見る

case 12

春爛漫くじ、
1等当選できますか。

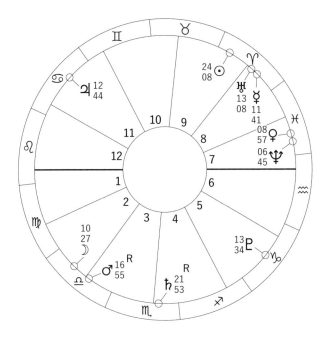

天体・サインのシンボル

☉	太陽	♈	牡羊
☽	月	♉	牡牛
☿	水星	♊	双子
♀	金星	♋	蟹
♂	火星	♌	獅子
♃	木星	♍	乙女
♄	土星	♎	天秤
♅	天王星	♏	蠍
♆	海王星	♐	射手
♇	冥王星	♑	山羊
		♒	水瓶
		♓	魚

ハウス	サイン
第1	♌
第2	♍
第3	♎
第4	♏
第5	♐
第6	♑
第7	♒
第8	♓
第9	♈
第10	♉
第11	♊
第12	♋

宝くじも第5ハウスで占えますが、100万円以上の大金の場合は、その人のバースチャート（出生時間のホロスコープ）で本来持っている金運、及びギャンブル運をあわせて見る必要があります。

　もし仮にその人の金銭運が弱い場合には、大金の取得はできませんから、宝くじやギャンブルは楽しむ程度にして、あまりのめり込まない方がよいでしょう。さて結果はどうなるのでしょうか。占ってみます。

　質問者は第1ハウス、ルーラーは太陽⊙です。第5ハウスルーラーは木星♃、ハウス内には冥王星♇が位置しています。太陽は木星・冥王星と調和のアスペクトにはありません。さらに金運の第2ハウスには月☽がいて、現在、この人は金欠病で金運自体が大変不安定です。

　その月が、冥王星・木星とスクエア。さらには結果を示す第8ハウスには天王星♅がいて、オポジション。この4つの天体は何と最悪のグランドスクエアを形成しています。というわけで、残念ながら当選は無理です。金運が上向く時期まで待ちましょう。

占うポイント

＊宝くじで大金が当たるかどうかは、その人が本来持つ金運と関係があるので、バースチャートも参考にする

＊少額の場合は、占う人のハウス及びそこから第5ハウスの状況とアスペクトを見る。さらに金運の第2ハウスとの関係性も見る

恋を占う

　現在片想いの中の人も、恋愛中の人も、第5ハウスがこれからの恋の行方を教えてくれます。

　ただし、漠然と恋人の出現を占っても答えは出ません。モダンホラリーでは具体的な質問に効力を発揮するからです。使用するハウスは、質問者、相手、そして第5ハウスです。

　一般的には質問者を第1ハウス、パートナーを第7ハウスにとります。

　既婚者との不倫関係を占う場合には、当事者が3人となるのでハウス選定が大切です。恋人を第7ハウスにとると、妻は第1ハウスとなって質問者と重なってしまいます。この場合、恋人が職場の同僚なら第6ハウス、友人なら第11ハウス、上司なら第10ハウス。近所に住んでいる相手なら、第3ハウスでもいいでしょう。次にそこから7番目が妻のハウスとなります。

　そして恋愛の行方は質問者の第5ハウスのルーラーと、当事者同士のルーラー及びハウス内の天体がどのように関連し合っているかで判断します。

　まず本人とパートナーのルーラー、そしてハウス内の天体を比較します。2人のルーラー同士が調和のアスペクトであるならば、2人の恋は発展するでしょう。もし不調和のアスペクトか、何のアスペクトもない場合は、障害があるか、まったく相手は気がついていないかです。

　敵対しているならば、妻とあなたのどちらが強力であるかも重要です。サイン・ハウスの強い方が優位に立っていると言えます。さらに彼と

妻とのアスペクトが調和しているなら、恋人は離婚してあなたを選ぶことはないでしょう。

　次に第5ハウスルーラーも同様に調べます。もし第5ハウスルーラーと本人・恋人のルーラーがともに調和しているなら、この恋は順調に発展するでしょう。その際、恋の結末を判断する第8ハウスもあわせて見ます。ここも調和しているなら、2人の恋は実を結び結婚するでしょう。もしノーアスペクトか、不調和の場合には、トラブルや食い違いがあって、恋は発展することなく終わります。

　また第5ハウスルーラーと調和していても、第8ハウスがあまり芳しくない場合には、結婚には至らないでしょう。

　同様にハウス内の天体も大切です。相手を見る際、ルーラー及びハウス内の天体が逆行でないことを確かめましょう。逆行は裏切り、決裂、嘘があり感心しません。天王星があるとあなたの恋はハプニング的な出会いから始まり、風変わりな恋となるでしょう。火星がある場合には、口喧嘩が絶えないかもしれません。月なら曖昧で不安定な関係となるでしょう。土星の場合には、調和していれば永続性のある地味ながらも堅実な恋となりますが、不調和だと息がつまるようで次第に険悪になります。一方、木星や金星があり調和していたら、恋は楽しく、あなたの生涯にプラスとなるはずです。

　他に忘れてはならない大切な要素が、第5ハウスカスプです。カスプとは境界線です。天体ではありませんが、大変重要です。ルーラーがカスプと良好のアスペクトなら恋も順調に運びます。もし不運のアスペクトか、アスペクトがなかったら、重大な障害が立ちふさがっているか、まったく相手が気づいていないかのいずれかです。

　相手のルーラーを見れば性格もわかります。ただし逆行の場合には、どんな天体でも注意が必要です。イメージと実物に食い違いがあるからです。

　各天体が表す人物の特徴は次のようになります。

月 ………… 繊細で空想好き。優しい反面気分が変わりやすく、職業、住居が不安定。

水星 …… 知的で社交家。会話も巧みな反面、逆行なら虚言癖がある。

金星 …… 美男美女。または資産を持つ洗練された人。アスペクトが良好ならシンデレラストーリーが展開する。ただし逆行なら、贅沢好きで金銭にルーズ。失望する結果となる。

太陽 …… 明るく、堂々とした振る舞いをする。おおらかな人。

火星 …… 行動派。衝動的でもあり、短気。

木星 …… 気前よく楽天的で楽しい人。逆行なら嘘つきで浪費家。

土星 …… 真面目な堅実派。無口で時に退屈。

天王星… 常識を嫌うクリエイティブで破天荒な人。

海王星… 優しく芸術肌。ただ空想と現実の境目がわからなくなる傾向がある。逆行なら嘘が多い人物。

冥王星… 掴みどころのない人。心の中をなかなか明かさない。

恋の未来が知りたい

　この場合、結果を示す4番目のハウスが鍵を握ります。つまり第8ハウスが恋の結末を示しています。第8ハウスルーラーが強力で、当事者のルーラー、もしくはハウス内の天体と良好なアスペクトなら、片想いの人は両想いに、順調な人は結婚へと至ります。

片想いか、相思相愛かを知りたい

　互いのハウスに相手のルーラーが位置している時には、ルーラー側が夢中です。たとえば第7ハウスルーラーの水星が、第1ハウスにきていたら、相手はあなたにぞっこんです。一方、本人のルーラーが自分のハウスにいる時は、片想いか、まだ気づいていません。

　また、ルーラーが第5ハウスカスプと良好のアスペクトの場合も、相手はあなたとの出会いを喜び、恋に満足しています。

　反対に双方のハウスにマレフィックな天体がいたり、不運のアスペクトを組んでいたり、ルーラーが逆行の場合には、障害やトラブルがあったり、心の交流がしっくりいきません。ただそれがむしろよいケースもあります。相手のルーラーが逆行している場合には、人物に問題があるか、トラブルを抱えているかのいずれかですので、別れた方がいいというシグナルになるからです。

　その際には、相手のルーラー及びハウス、さらにどんなアスペクトにあるかを見極めて判断します。良好なアスペクトが多くあるなら、協力者もあり一時的なトラブルで済みます。不調和なアスペクトなら

すでにトラブルが起きているか、気持ちのズレに戸惑い、恋愛も長続きしないでしょう。

恋のきっかけが知りたい

　さて、あなたの恋はどんな出会いで始まるのでしょうか。

　相手のルーラーがいるハウスとあなたのルーラーが好アスペクトにあるなら、そこからあなたの恋は始まります。各ハウスが持つ役割とそれに関連する場所がキーポイントです。

第3ハウス……… 国内旅行先、近隣の人
第5ハウス……… 教師、教育機関、レジャーないしはコンサート会場といったエンターテインメントに関わる場所
第6ハウス……… 職場
第9ハウス……… 外国、留学先
第10ハウス…… 取引先など、仕事先での出会い、公的機関
第11ハウス…… 友人からの紹介、サークル、団体
第12ハウス…… 病院、介護施設、刑務所、公にできない場所

case 13
元勤務先の上司を好きになりました。
関係は発展するでしょうか。

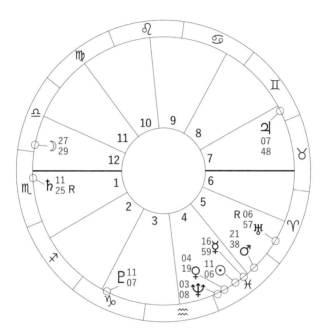

<table>
</table>

天体・サインのシンボル

シンボル	天体		シンボル	サイン
☉	太陽		♈	牡羊
☽	月		♉	牡牛
☿	水星		♊	双子
♀	金星		♋	蟹
♂	火星		♌	獅子
♃	木星		♍	乙女
♄	土星		♎	天秤
♅	天王星		♏	蠍
♆	海王星		♐	射手
♇	冥王星		♑	山羊
			♒	水瓶
			♓	魚

ハウス	サイン
第1	♏
第2	♐
第3	♑
第4	♒
第5	♓
第6	♈
第7	♉
第8	♊
第9	♋
第10	♌
第11	♍
第12	♎

125

バツイチの相手を好きになった女性からの質問です。メールのやりとりは続いているものの、相手の態度に少し不信感があるようです。さて、女性の恋は実るのでしょうか。

　女性は第1ハウス。ルーラーは冥王星♇。相手の元上司は第7ハウスで、ルーラーは金星♀です。ハウス内には木星♃がいます。

　彼はなかなか素敵な人で、一緒にいても楽しい男性なので、女性に人気があります。

　片や、女性はといえば第1ハウスに逆行の土星♄が陣取っています。冥王星と金星とはアスペクトはありません。

　逆行の土星は望みが叶わないシグナルです。ここはあまり深追いしないで、別の人を探すことをおすすめします。

占うポイント

＊本人と相手のハウスをチェック

＊相手のルーラーが質問者のハウスにある場合は、相手が愛情を持っている。反対の場合は、現在は質問者の片想い。双方のアスペクトが良好ならうまくいく。不調和なら何らかのトラブルがある

case 14

既婚者と不倫中。先が見えず不安。
この先どうなるのでしょうか。

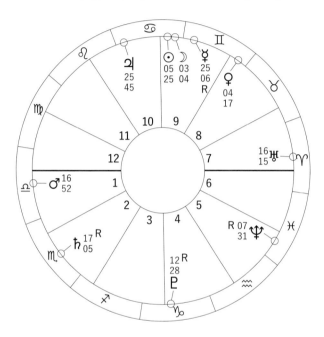

天体・サインのシンボル

⊙	太陽
☽	月
☿	水星
♀	金星
♂	火星
♃	木星
♄	土星
♅	天王星
♆	海王星
♇	冥王星

♈	牡羊
♉	牡牛
♊	双子
♋	蟹
♌	獅子
♍	乙女
♎	天秤
♏	蠍
♐	射手
♑	山羊
♒	水瓶
♓	魚

ハウス	サイン
第1	♎
第2	♏
第3	♐
第4	♑
第5	♒
第6	♓
第7	♈
第8	♉
第9	♊
第10	♋
第11	♌
第12	♍

質問者は不倫の恋に悩む女性。彼は「妻とは離婚する」と言っているものの、それを待っていていいのか、この恋に未来があるのか不安だという相談です。

　質問者の女性の第1ハウスのルーラーは金星♀。相手は第7ハウスでルーラーは火星♂。第5ハウスルーラーは天王星♅。第5ハウスには海王星♆がいます。

　このホロスコープはとても信頼できるものです。というのは状況がはっきり示されているからです。

　火星が女性のハウスにあることから、男性は女性を愛し、大切に思っていることがわかります。また天王星が彼のハウスにあること、さらに火星と天王星がオポジションで対峙しているところから、彼が2人の恋の行く末に悩んでいることが見てとれます。

　夫婦仲が悪くとも、離婚に移行することは大変な苦痛と決断を伴うものです。

　確かに離婚したいというのは彼の本音のようです。家庭が楽しくないのは、第4ハウスに位置する冥王星♇とのスクエアを見れば判断できます。ただ踏ん切りがつかず、悶々としている様子です。

　ここは質問者の意志と決意にかかっているようですが、質問者である女性自身の、離婚して自分と再婚してほしいという確固たる信念がうかがえません。

　というのは海王星が逆行していて、恋愛の結末を語る第8ハウスに位置する金星とスクエア、しかも急接近しているからです。

　世間に認められない秘密の関係に、質問者自身が疲労を感じていて、終わらせたいという願望があるのではないでしょうか。この恋は、まもなく質問者自ら終止符を打つでしょう。

妊娠について占う

　妊娠は第5ハウスで見ます。妊娠しやすい人は、第5ハウスカスプ
が蟹・蠍・魚座です。この配置ならば、生まれついて子宝に恵まれる
体質です。一方、不妊サインと言われる双子・獅子・乙女であれば、
妊娠しにくい体質と見ます。他にも下記の場合、不妊が考えられます。

不妊のシグナル

・月、第1・第5ハウスルーラーが双子・獅子・乙女座にある。
・金星が太陽と接近（アスペクトが8度30分以内）にあるか、マレフィッ
　クな天体、土星・火星・海王星・天王星と不運なアスペクトにある。
・マレフィックな天体が第5ハウスに位置して、第5ハウスルーラー
　ないしは、金星とスクエア・オポジションにある。

妊娠する条件

❶第1ハウスルーラーが第5ハウスにある。ないしは月か第5ハウスルー
　ラーが第1ハウスにいて、悪いアスペクトがない。
❷第1ハウスルーラー、木星・金星が第5ハウス内にあり、月とコン
　ジャンクション。
❸第5ハウスが多産サイン（蟹・蠍・魚）で、月あるいは第1・第5ハウ
　スルーラーもまた多産サイン。

第6ハウス

the 6th House Lesson

健康状態、病気、職場、
迷子のペットの捜索

このハウスは健康・病気の他に、サラリーマンなどの一般的な職業人、さらに職場の状況、同僚との関係を判断するのに最適です。
　また迷子になったペット（犬、猫などの家庭で飼える大きさの動物）の存否と居場所もわかります。

迷子になったペットを捜す

　迷子になったペットがどこにいるかをモダンホラリーで捜し出すことができます。

　占う際に大切な点は、行方不明になった時点の日時を正確に記憶しておくことです。

　雄の中型犬の場合、雌犬の後をついて何キロも移動してしまうこともあるので、占う場合には一刻を争います。質問が浮かんだ時間が曖昧だと的中する可能性が低くなるので注意しましょう。

　質問者は第1ハウスルーラー。ペットは第6ハウスルーラーとハウス内の天体を見て判断します。

ペットが見つかる条件

❶双方の天体が調和のアスペクト。

❷木星が双方のルーラーと調和のアスペクト。

❸アンギュラーハウス（第1・4・7・10ハウス）にペットのルーラーがある場合、家の近辺にいて見つかる。

ペットが見つからない条件

❶両ルーラーがノーアスペクトか、不調和。

❷ケーデントハウス（第3・6・9・12ハウス）にいる時は、ペットは遠くにいて、戻ることはできません。

❸ルーラー近くに土星・火星がいる場合には事故か、病死。

❹第12ハウスにルーラーがある場合、動物保護施設にいるか、隔離施設、辺鄙な場所にいる。

迷子のペットの居場所

　ペットのルーラーがあるサインが居場所を示します。

火のサイン（牡羊・獅子・射手）…………… 暖かな場所、厨房のある場所

水のサイン（蟹・蠍・魚）………………… 水の近くの場所、沼、池、海、湖

地のサイン（牡牛・乙女・山羊）………………… 地面に接したところ、道路

風のサイン（双子・天秤・水瓶）………… 高い場所、丘や山、ビル、屋上

case 15

猫のピピがいなくなりました。
今どこにいますか。戻ってきますか。

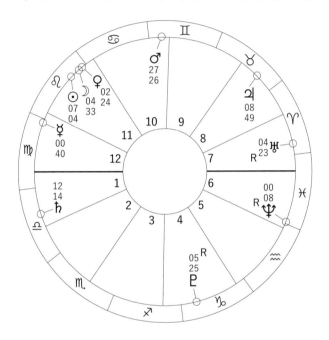

可愛がっているシャム猫のピピがいなくなり、連れ去られたのではないかと飼い主は心配で眠れません。ピピは今どこにいるのでしょう。

飼い主は第1ハウスルーラーの水星☿で第12ハウスにいます。ペットのルーラーは天王星♅で、第7ハウスにいます。

どうやらピピは、家の近辺にいるようです。しかも天王星は逆行しているので戻るのは間違いありません。

一方飼い主はといえば、第6ハウスにいる海王星♆とオポジションなので、神経がイライラとして不安な状態です。しかし海王星もまた逆行ですから、戻るシグナルを発しています。

副ルーラーの月☽は太陽☉と接近した後、土星♄と調和のアスペクトを形成。天王星も月と金星♀とトラインの幸運のアスペクトです。

方位は土星のいる東。サインは風のサインなので、高い場所、ビル、マンションの階段の上、屋上などにいるはずです。

見つかると聞いて、飼い主が翌日玄関のドアを開けて名前を呼ぶと、マンションの上の階段に現れ、悠々と降りて戻ってきたそうです。

占うポイント

*飼い主のハウスとハウスルーラー。質問者の状況。ハウスに天体がいるかを見る

*第6ハウスルーラーと飼い主のアスペクトが良好なら見つかる

*アンギュラーハウスにペットのルーラーがある場合には、近隣で見つかる

*逆行も発見できるシグナル

健康状態、病気について占う

　モダンホラリーでは、その人の健康状態を知りたい時は第6ハウスの状況から判断します。そして第6ハウスカスプにくるサインが肉体の部位を司り、疾患を表します。

牡羊座	火星	脳　頭　顔全般　上顎　背中　熱病　炎症
牡牛座	金星	喉　声帯　首　下顎　頸部脊椎　糖尿病
双子座	水星	神経系統　呼吸器官　血液循環　腕　指　肩のライン
蟹座	月	胃　十二指腸　膵臓　乳首　胸部　肋骨
獅子座	太陽	心臓　胸椎
乙女座	水星	小腸　消化器官　肝臓　脾臓近辺
天秤座	金星	腎臓部分　ウエストライン　上腹部
蠍座	冥王星	生殖器官　下部結腸　直腸　ヘルニア
射手座	木星	肝臓　尻　腿　大腿骨　臀部　座骨神経
山羊座	土星	膝関節　鬱病　歯　骨　リウマチ
水瓶座	天王星	ふくらはぎ　足首　アキレス腱　かかと　アレルギー　ウイルスによる感染症
魚座	海王星	足　つま先　診断の難しい難病　薬物中毒　精神の病

病気を判断する

　第1ハウスが質問者の健康を、そして第6ハウスルーラーが肉体に潜む病気を表します。次の場合には罹患しています。また月と火星とのすべてのアスペクトは手術を表します。

❶第1ハウスは本人の健康状態を表しています。
　第1ハウスに火星・天王星・土星などのマレフィックな天体がいる場合、またそれらが不調和のアスペクトにある時には、何らかの病気にかかっている可能性が高い。

❷第6ハウスのルーラー、及び月がマレフィックな天体と不調和、あるいはコンジャンクションの場合。

❸月が第1・第6ハウスの中にあるか、そのルーラーである場合、あるいは両ルーラーと不調和の場合。

❹第6ハウスルーラーが質問者のハウスにある。アスペクトが不調和なら重症。調和していたら軽症。

医師は信頼できるかどうか

　医師を表す第7ハウスルーラーと第1ハウスルーラーのアスペクトを見ます。

　調和のアスペクトならば満足のいく治療・看護を受けることができ
ますが、スクエア・オポジションの場合には、治療は不満足な結果と
なります。

治療により回復するかどうか

　次の条件のいずれかであれば治ります。

❶第1・第6ハウスルーラーが強いサインにいる。

❷第1・第6ハウスルーラー及びハウス内の天体がマレフィックな天
　体と不調和のアスペクトにない。

❸容体・症状の異変を示す天王星が第1・第6ハウスルーラーと不調
　和のアスペクトを形成していない。

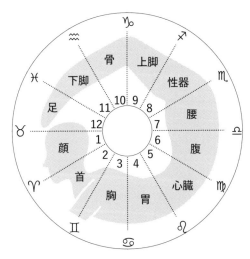

12サインと12ハウスの身体配置図

現在の治療がうまくいくか

　現在行っている治療が首尾よくいくかを占う方法を説明します。第1ハウスと第6ハウスの他に、医師を表す第7ハウスを使用します。

　第1ハウスルーラーと第7ハウスルーラーがセクスタイルかトラインを形成していれば、満足のいく結果となります。反対にスクエアかオポジションの場合には、治療は不満足な結末を迎えます。その上、第6ハウスの結果のハウスである第9ハウスの状態が悪ければ、手遅れの状態と見ます。

　病気が治るかどうかを見る場合は、次の条件のいずれかであれば治ります。

・第1ハウスルーラーと第6ハウスルーラーがトラインかセクスタイル
・第1ハウスルーラーと第6ハウスルーラーが強いサインにいる。つまり、ディグニティにある（牡羊に火星、牡牛に金星など）。
・第1ハウスか第6ハウスに水星・木星・金星のいずれかがいて、マレフィックな天体とスクエアかオポジション、コンジャンクションを形成していない。
・天王星が、第1ハウスルーラーと第6ハウスルーラーとスクエア・オポジション、コンジャンクションを形成していない。

　以上の条件に合致し、かつ第1ハウスルーラーが病気のパートとコンジャンクションならば、確実に病気です。幸運のアスペクトならば、回復すると見ます。

case 16

彼氏に進行中の癌が見つかりました。
回復の見込みはありますか。

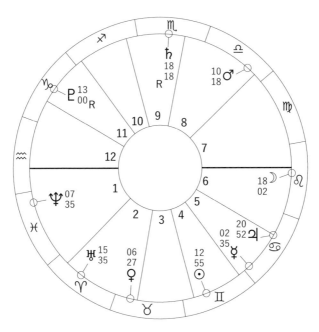

天体・サインのシンボル			
☉	太陽	♈	牡羊
☽	月	♉	牡牛
☿	水星	♊	双子
♀	金星	♋	蟹
♂	火星	♌	獅子
♃	木星	♍	乙女
♄	土星	♎	天秤
♅	天王星	♏	蠍
♆	海王星	♐	射手
♇	冥王星	♑	山羊
		♒	水瓶
		♓	魚

ハウス	サイン
第1	♒
第2	♈
第3	♉
第4	♊
第5	♊
第6	♋
第7	♌
第8	♎
第9	♏
第10	♐
第11	♐
第12	♑

交際中の彼に、癌が見つかってしまったという女性からの相談です。精密検査をしたところ、癌はすでに進行していることがわかりました。それでは今後どのようになるのか、ホロスコープを見ていきましょう。

　質問者の彼氏なので、第7ハウスを第1ハウスにとります。ルーラーは太陽⊙、ハウスをターンさせていくと第10ハウスに位置しています。

　第6ハウスルーラーは土星♄で、第3ハウスにいます。癌の部位は胃、ないしは火星♂がある首ではないかと思われます。

　死が予想される第8ハウスと第12ハウスもあわせて見ます。第8ハウスには天王星♅、第12ハウスには月☽が位置しています。

　さらに、月は第1ハウスカスプ（アセンダント）上にあり、その月が土星とは不調和。

　火星もまた天王星とオポジション、冥王星♇と不調和のスクラムを組んでいます。このことから、男性の病状は回復の難しい末期的な状態と考えられます。

　救いなのは、彼自身がとてもおおらかな人で、月と天王星、双方に調和のアスペクトであること。そのことから、ご自身の病状、行く末を静かに受け入れられていることがわかります。今は彼をそばで支えながら、彼との時間を大切に過ごしてください。

占うポイント

＊占いたい相手のハウスを選ぶ

＊第6ハウス内の天体と、そのルーラーにどんなアスペクトがあるか。本人と良好なら回復。悪い場合は死のハウス第4・第8・第12ハウスをあわせて見る

最近立ちくらみや目眩が激しい上、
物忘れしがちです。病気でしょうか。

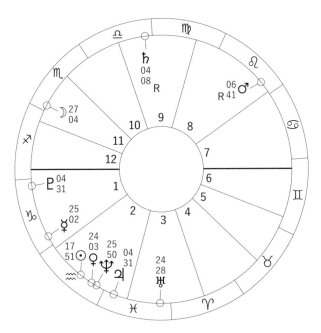

天体・サインのシンボル

☉	太陽	♈	牡羊
☽	月	♉	牡牛
☿	水星	♊	双子
♀	金星	♋	蟹
♂	火星	♌	獅子
♃	木星	♍	乙女
♄	土星	♎	天秤
♅	天王星	♏	蠍
♆	海王星	♐	射手
♇	冥王星	♑	山羊
		♒	水瓶
		♓	魚

ハウス	サイン
第1	♐
第2	♒
第3	♓
第4	♈
第5	♉
第6	♊
第7	♊
第8	♌
第9	♍
第10	♎
第11	♏
第12	♐

質問者のルーラーである木星♃は第2ハウスで、第1ハウスにいる冥王星♇と調和しています。第6ハウスルーラーの水星☿が第1ハウスにいるので、病気のことが気にかかっているのがわかります。

　ただ、第6ハウスは双子座ですが、何の天体もない上、水星は月☽と第3ハウスの天王星♅と調和しています。水星の病は、神経系や、血液の循環にまつわるものです。ですが、悪いアスペクトがないので軽症です。運動やスポーツなどで肉体を動かしながら、身体を温めて血液の流れをよくすることを心がけましょう。

　唯一の懸念点は、土星♄と冥王星が不調和であることです。土星は鬱といった精神的なトラブルを表します。精神のバランスを崩さないよう、気持ちをリラックスさせて、普段から無理をしないように気をつけてください。

占うポイント

＊第6ハウスがどのサインか、ルーラーは何か

＊第1ハウスルーラー及び、天体と第6ハウスルーラーのアスペクト

＊本人と複数のハードアスペクトがあるなら要注意

第7ハウス

the 7th House Lesson

結婚・離婚、ライバル、パートナー運

第7ハウスは人間全般を扱い、結婚・離婚、パートナー、ライバルを占うハウスです。

　結婚と同時にこのハウスは離婚問題も占います。もしここにマレフィックな天体が位置し、不調和のスクエアかオポジションであるならば、離婚する可能性が高いと見ます。またパートナーの気質などもルーラーが表します。

　たとえば太陽だとしたら、おおらかな人。金星は人気のある魅力的な人か美男美女。火星は積極的でエネルギッシュな人。水星は会話の楽しい知的な人です。

　本来、土星が第7ハウスにいる場合は、占いに狂いが生じやすいという理由で他人の問題を占うことはしませんが、質問が第7ハウスに関する場合には例外です。

　さらに、面識のない行方不明者の生死と居場所を占う際にもこのハウスを用います。

結婚について占う

　もし結婚したい相手がいて占いたい場合、自分を第1ハウスに、相手を第7ハウスにとります。自分以外の結婚の場合にはハウスをサイクルさせましょう。

　たとえば職場の同僚の結婚なら、第6ハウスをとり、パートナーはそこから7番目の第12ハウスを見ます。

　両方のルーラーが調和のアスペクトならば結婚します。

　特に第1・第7ハウスルーラーが互いのハウスに位置する場合には、一目惚れといった運命的な出会いとなり、電撃結婚となるでしょう。

　反対に不調和の場合、天体が強力でない限り、難しいでしょう。

　また、第7ハウスルーラーあるいはハウス内の天体がマレフィックな場合、強力なサインでないか、逆行の場合には、パートナーは不誠実で信用できない人物です。トラブルがつきまとい、離婚に至ります。

　火星なら暴力と喧嘩が絶えずドメスティックバイオレンスに。

　海王星なら浮気・薬物中毒・詐欺師といった犯罪。

　土星ならケチで厳格なので息がつまります。

　天王星なら社会のルールから逸脱した無責任な人で、既婚を隠している可能性もあります。

　月が第7ハウスにある場合も非常に不安定です。特に女性の場合、パートナーが代わりやすいです。また、第7ハウスに逆行している天体がある時も避けましょう。

　結婚後の結果を見たいなら、第10ハウスを調べます。

　もしここにマレフィックな天体がいるか、スクエア・オポジション
のアスペクトなら、離婚あるいは配偶者の死という不幸な結末を招き
ます。

結婚するシグナル

　トラインかセクスタイルならば、結婚まで順調にいきます。反対に
天体が強力で、スクエアかオポジションならば、遅れや障害があるで
しょう。
　ただし第1・第7ハウスルーラーが互いのハウスにあるならば、障害
を乗り越え結ばれます。

離婚するシグナル

　結婚について占う場合、天王星・火星・海王星は離婚のシグナルです。
　もし第1・第7ハウスルーラーがこれらの天体で不調和なアスペクト
を形成している、または第1ハウスカスプ（アセンダント）に対してこの
3つの天体が不調和のアスペクトを形成している場合も離婚します。

彼は誠実だけど、未来の生活が不安。
結婚して大丈夫でしょうか。

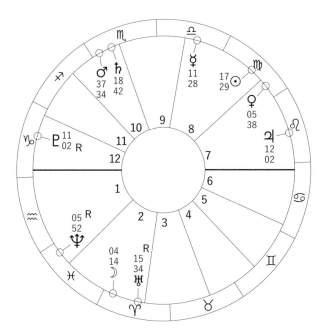

天体・サインのシンボル

⊙	太陽
☽	月
☿	水星
♀	金星
♂	火星
♃	木星
♄	土星
♅	天王星
♆	海王星
♇	冥王星

♈	牡羊
♉	牡牛
♊	双子
♋	蟹
♌	獅子
♍	乙女
♎	天秤
♏	蠍
♐	射手
♑	山羊
♒	水瓶
♓	魚

ハウス	サイン
第1	♑
第2	♓
第3	♈
第4	♉
第5	♊
第6	♋
第7	♋
第8	♍
第9	♎
第10	♏
第11	♐
第12	♑

相手の誠実さにほだされて結婚を約束したものの、好みでない男性との結婚後の生活に不安を感じている女性からの相談です。

　今回は女性なので、ルーラーが月☽の第7ハウスをとりました。ハウスをどちらにするか迷う場合は、ルーラーを見て選びましょう。相手の男性は第1ハウス、ルーラーは土星♄です。

　彼女のハウスには木星♃と金星♀がいます。なかなかチャーミングで友人も多いはずです。一方、男性の土星は第10ハウスにいるので、やり手で仕事熱心な人です。地位もそれなりにあるでしょう。

　ただ月と土星はアスペクトが不調和です（135度）。木星と土星もまた不調和です。さらに金星と海王星♆も不調和。金星は愛情を示すので、彼女が格別この男性に対して愛情を持っているわけではないのがわかります。もう1つ気がかりな点は、第1・7ハウスともインターセプトサインで、水瓶サインと獅子サインが挟まれていることです。これは相手の前で本当の自分を出せていないことが考えられます。

　この恋は、男性側の片想いで終わる可能性が非常に高いです。月が天王星♅に接近しているので、予想もしない突然の幕切れとなることが予想されます。相手のためにも、正直に気持ちを話して関係にピリオドを打つべきでしょう。

占うポイント

＊本人と相手のハウス、ルーラーをチェック。ルーラー同士のアスペクトはどうか。ライバルや足を引っ張る相手はいるか。ハウス内の天体を見て判断する

相手に迷う時の対処法

　突然、複数の異性が出現して、結婚に迷ってしまう……なんて経験はありませんか。

　そんな際、高収入や経済的な余裕を何より優先させる人もいれば、思いやりや気遣いといった、性格を重視する人もいるでしょう。いずれにしても、長期にわたる円満な関係を続けていくためには、やはり互いの価値観を受け入れられるかどうかにかかっています。恋愛なら多少の食い違いは目をつぶれるでしょうが、結婚となるとそうはいきません。

　そこでクローズアップされるのが相性です。互いの価値観を共有し合えるかどうか。どのようにしたらそれがわかるのでしょう。モダンホラリーでは、相手のハウスルーラーで判断します。

　右のページにまとめた天体の特徴を理解し、あなたと相手のハウスルーラーないし、ハウス内にある天体同士が調和のアスペクトであるなら、結婚相手としてベストと言えるでしょう。

月	母性、変わりやすさ、気分屋、優しい口調
水星	頭の回転が速い、知的、思考型、会話を楽しむ、時に嘘をつく
金星	温厚、日和見主義、美的センス、魅力、人気がある、優柔不断
太陽	社会的な評価、親分肌、気前のよさ、人に注目されることで実力を発揮する、縁の下の力持ちのような地味な仕事は苦手
火星	行動派、積極性、短気、情熱、温かさ、衝動的
木星	おっとりして楽天的、現実離れ、普段はずぼら、目的が決まると迅速
土星	まじめ、堅実、無口、陰気、心配性
天王星	独創的、常識、慣行を嫌う、時に非現実的
海王星	優しい、思いやりがある、芸術肌、他人に左右されやすい、気弱で断れない
冥王星	掴みどころのない、どこか謎めいた、スケールが大きい

結婚相手に選んでよい人と悪い人

❶ ルーラーが逆行の人は嘘、負債、借金、浪費家、暴力といった何らかのトラブルを抱えているので避ける。

❷ 結婚後の経済状況が気になるなら、相手（第7ハウス）から見た第2ハウス（第8ハウス）を確認する。相手の第2ハウスルーラーとハウス内の天体が質問者のルーラーと良好なアスペクトなら、結婚後の経済状況は安泰。反対に悪い場合、マレフィックの天体があると金銭的苦労がある。

❸ 誕生日時がわかるなら、互いの太陽と月、火星と月、金星と月のアスペクトを見る。これらが調和していると、気質的に類似性があって精神的な充足感が得られる。

❹ 結婚後の家庭運を見たい場合には、第4ハウスのルーラーとハウス内にある天体で判断。質問者のルーラーと調和しているかどうか。もしマレフィックの天体があり、質問者のルーラーとハードアスペクトなら、家庭内は暗く喧嘩が絶えない。良好なら幸福な家庭。

case 19

2人の男性の間で揺れています。
結婚するならどちらを選ぶべき？

天体・サインのシンボル

☉	太陽	♈	牡羊
☽	月	♉	牡牛
☿	水星	♊	双子
♀	金星	♋	蟹
♂	火星	♌	獅子
♃	木星	♍	乙女
♄	土星	♎	天秤
♅	天王星	♏	蠍
♆	海王星	♐	射手
♇	冥王星	♑	山羊
		♒	水瓶
		♓	魚

ハウス	サイン
第1	♐
第2	♑
第3	♒
第4	♓
第5	♈
第6	♉
第7	♊
第8	♋
第9	♌
第10	♍
第11	♎
第12	♏

学歴はないけれど、生活力があり自営で収入のよい男性と、大卒だけれど収入のあまりない、優しく尽くしてくれる男性。2人の間で結婚を迷っている女性からの相談です。女性のルーラーの月☽は今第5ハウスカスプにあるので、2人の男性から愛の告白をされ、幸せいっぱいといったところでしょう。

　さて彼女はどちらの男性を選ぶべきでしょうか。

　2人の相手を占う場合には第1・第7ハウスを選択し、質問者は月☽とします。収入のよい彼はAで第1ハウス。大卒の優しい彼はBで第7ハウスを選びます。

　Aのハウスは射手サインなので、行動派で陽気、自信に満ちています。ただ気になるのはルーラーの木星♃が逆行である点です。

　この場合には、射手サインのマイナス面が現れやすく、散財傾向があったり、おおざっぱで綿密性に欠けていたり、即断即決が裏目に出たりといった傾向が目につきます。

　またハウス内の冥王星♇もまた逆行で、かつ12ハウスルーラーでもあるので、公にできない隠し事の匂いがします。また親類を見ても、海王星♆と天王星♅いずれも逆行です。どうやら一族には質問者には話していない秘密があるようです。

　本人が話すように果たしてAの仕事が順調なのか疑問です。というのは冥王星が仕事を示す第10ハウスカスプと不調和だからです。おそらく負債もかなりあるのではないでしょうか。

　女性とは家族ぐるみの付き合いである様子が、月・海王星・冥王星の調和のアスペクトでうかがえますが、ここは相手の言い分を鵜呑みにしないで、自分で確かめてみる必要があるようです。

　とは言え、人生いいことばかりではありません。条件のよさばかりに目がいくと、思いがけない落とし穴にはまってしまいます。

　短所に目を向け、それでもついていく覚悟があるのか、自分に尋ね

てみてください。

　一方、Bはといえばルーラーは水星☿なので、なかなか知的で会話も楽しいはずです。ただ未来を見ると、恋の結末の第8ハウスにあり、月とは不調和なので、関係はまもなく消滅するでしょう。残念ながら、女性の結婚相手はどちらでもない別の男性のようです。

占うポイント

＊2人の人物を同時に占う場合、第1・第7ハウスを選び、本人は月を選ぶ。どちらのルーラーとのアスペクトが良好かを見極める

第8ハウス

the 8th House Lesson

死、遺産、保険金、年金、手術、
死後の世界、結婚後の財政

第8ハウスは、死に関するハウスです。

　死の状況、事故、それらの事柄から自身を守るための保険、遺産、退職金、寡婦年金、死後の世界、輪廻転生、オカルトなどです。

　また第7ハウスの2番目のハウスなので結婚後の財政状況、また手術やけがもこのハウスで判断します。

　もし、第8ハウスルーラーかハウス内の天体と質問者が調和していたら、これらの項目は首尾よく運ぶでしょう。

　一方、ルーラーがマレフィックな天体と不調和のアスペクトにある時は、トラブルが生じて期待通りの成果を得ることは難しくなります。お金の貸し借りは禁物です。相手の裏切りにあい、損失を被ります。

　逆に木星や金星がいて調和していると、遺産の額が大きいか、結婚後はセレブのように贅沢な生活を満喫できるでしょう。

　またこのハウスは第5ハウスの結末のハウスとして、恋愛の結末を判断します。

手術について占う

　病気については第6ハウスで判断しますが、手術に関しては第8ハウスと火星が重要なシグナルとなります。もし第8ハウスルーラーと第1ハウスルーラー、または月がトラインかセクスタイル、ないしは互いのルーラーが双方の位置にある時、手術は成功します。反対にスクエア・オポジションであるならば不首尾に終わります。

手術をする場合

　次のいずれかの条件なら手術をします。
❶月と火星が吉凶問わずアスペクトを組んでいる。
❷月が太陽あるいは土星と不調和のアスペクトにある。
❸太陽か月が手術を必要とする肉体のパーツのサインにいる（心臓の手術のケースでは、獅子のサインに太陽か月がいる）。

手術が成功する場合

❶第8ハウスルーラーと第1ハウスルーラー、または月がトラインかセクスタイルの調和のアスペクト。
❷第8ハウスルーラーと第1ハウスルーラーが互いの位置にある。

死の時期・死の状態を占う

　もし第8ハウスにマレフィックな天体が位置している、または接近していたら、質問者の死は1年以内に訪れます。また第8ハウスは死の状態を示します。

　もし天王星が位置していたら、突発的な予想もしない事故で亡くなります。火星なら、暴力的な死、事故死、交通事故。土星なら慢性的な病による死です。海王星なら水死、他殺、自殺。ただし木星と調和のアスペクトにあるなら、最悪の状況は免れます。

　木星や金星、太陽などがいて調和のアスペクトなら天寿を全うするか、穏やかな死を迎えられます。

スキー事故で前十字靭帯断裂、
半月板損傷。 手術は成功しますか。

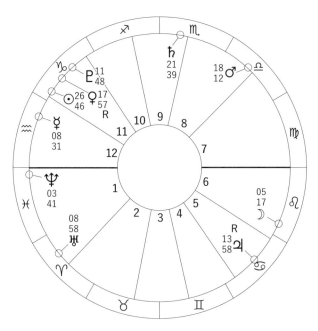

天体・サインのシンボル

☉	太陽	♈	牡羊
☽	月	♉	牡牛
☿	水星	♊	双子
♀	金星	♋	蟹
♂	火星	♌	獅子
♃	木星	♍	乙女
♄	土星	♎	天秤
♅	天王星	♏	蠍
♆	海王星	♐	射手
♇	冥王星	♑	山羊
		♒	水瓶
		♓	魚

ハウス	サイン
第1	♓
第2	♈
第3	♉
第4	♊
第5	♋
第6	♋
第7	♍
第8	♎
第9	♏
第10	♐
第11	♑
第12	♑

1ヶ月後に手術を控えているという男性からの相談です。男性は第1ハウス。ルーラーは海王星♆で第1ハウスカスプ（アセンダント）上にあります。ハウスには天王星♅があるので、予想外の事故で、大変ショックを受けています。一方、医師は第7ハウスでルーラーは水星☿ですが、月☽と不調和です。

　さて第8ハウスですが、ここには火星♂があるので手術をするのは間違いありません。

　ところが火星は海王星と135度の不調和の角度となっています。それ以外にも火星は木星♃、天王星と幅広の不調和にあります。

　さらに第8ハウスにはトラブルを示す火星がいます。手術の結果を示す第11ハウスには金星♀・冥王星♇がいて木星と不調和。第1ハウスの天王星は、木星・金星ともにTスクエアで危険性を告げています。

　これらのシグナルは1ヶ月後の手術が期待通りにはいかないことを暗示しています。聞くところによると半月板は一度損傷すると完全には治りにくいそうです。手術しても望む結果が得られないようなので、リハビリを重ねて機能を元の状態へと近づける方法を考えてみてください。幸い月は第6ハウスにあり、天王星とは調和しているので、歳月の経過とともに徐々に回復するはずです。

占うポイント

＊第1ハウス・第8ハウスの状態とルーラーのアスペクトを
　見る。複数の天体が複数のアスペクトを形成していて、
　マレフィックの天体が絡む際には要注意

第9ハウス

the 9th House Lesson

海外旅行、大学、出版、宗教、貿易

このハウスは海外旅行、大学（院）、出版、編集、宗教、貿易に関して用います。

　もし質問者と第9ハウスルーラーが調和しているなら、希望通りに事が運ぶでしょう。

　海外旅行なら、楽しいものとなるはずです。

　反対にマレフィックな天体がいると、様々なトラブルを引き起こし、よい結果になりません。月はこのハウスでも重要です。もし第1・第9ハウスルーラーあるいはマレフィックな天体と不調和のアスペクトなら答えはノーです。

case 21

コロナ治癒後、ハワイ旅行に
行きたいのですが構いませんか。

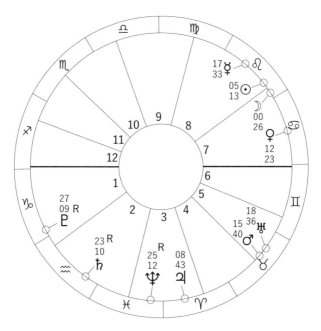

天体・サインのシンボル

☉	太陽	♈	牡羊
☽	月	♉	牡牛
☿	水星	♊	双子
♀	金星	♋	蟹
♂	火星	♌	獅子
♃	木星	♍	乙女
♄	土星	♎	天秤
♅	天王星	♏	蠍
♆	海王星	♐	射手
♇	冥王星	♑	山羊
		♒	水瓶
		♓	魚

ハウス	サイン
第1	♐
第2	♒
第3	♓
第4	♈
第5	♉
第6	♊
第7	♊
第8	♌
第9	♍
第10	♎
第11	♏
第12	♐

質問者はコロナに感染し、その後自宅療養期間を経て現在は生活に支障はないそうです。そこで、これまで我慢してきたこともあり、ハワイ旅行へ行きたいと思っているということでした。コロナ禍のために行動制限があり、旅行に行きたいのに行けなくてストレスを抱えているのは質問者だけではありません。とは言え、こんな状況下では、実行するのは不安ですよね。それではどうしたらいいのかモダンホラリーで見てみましょう。

　質問者は第1ハウス。射手サイン29度。ルーラーは木星♃ですが、重要なのは、山羊サインが間に挟まっていることです。これはインターセプトサインと呼び、身動きできない状態を示します。

　さらにルーラーの土星♄は逆行していて、近い未来を指す第2ハウスにいます。加えてハウス内にはこれまた逆行している冥王星♇が陣取っています。

　一方、ハワイは乙女サインの第9ハウス。ルーラーは水星☿です。この水星が質問者の土星と180度のオポジションでにらみ合っています。

　さらに驚くのは、土星は娯楽一般を指す第5ハウス内にいるトラブルの火星♂、ハプニングの天王星♅とスクエアの90度。これらは水星ともスクエアです。加えて、この土星・水星・火星・天王星の4つの天体はTスクエアという最凶のアスペクトを形成しています。

　これらの配置が何を示しているかは言うまでもありません。予想もしない展開が待ち受けているはずです。再感染というトラブルに巻き込まれる可能性が大変大きく、土星が金運の第2ハウスにいることからも、予想外の散財を強いられる事態が待ち受けています。というわけで楽しいはずの旅行は悪夢となりかねません。今回は見合わせた方がいいでしょう。

占うポイント

*質問者及び第9ハウスのルーラー、ハウス内の天体を調
べる。アスペクトが良好か、それともハードアスペクトか
を見極める

出版について占う

　このハウスでは紙媒体だけでなく、最近ブームとなっている電子書籍出版についても、著作に対する読者の反応や、売れ行き、また出版社、編集者との関係についても調べることができます。

　出版や執筆などは水星が示します。さらに第1ハウス、第9ハウスのルーラーと関係する天体の状況で判断します。以下の条件の時、本は売れるでしょう。

出版が成功するシグナル

❶第9ハウスルーラーと第1ハウスルーラーが互いのサインに位置している。

❷月が水星・太陽・木星・第9ハウスルーラーのいずれかと調和のアスペクト。

❸第1ハウスに木星あるいは金星がいて、第9ハウスにいる水星と調和のアスペクト。

❹水星が第1・第9ハウスにいて木星・金星と調和のアスペクト。

第10ハウス

the 10th House Lesson

就職、転職、ビジネス、キャリア、
評判、政府、裁判の判決

このハウスでは就職、ビジネス、キャリア、名誉、評判、信用、裁判の判決、陳情・嘆願の成功、政府などの公的機関、冤罪からの名誉回復を判断します。

　第6ハウスは、雇用されている社員を表しますが、第10ハウスはスペシャリスト、大学教授、社長、経営者、病院長とキャリアと社会的な地位にある人たちの仕事を判断します。ただし就職問題はこのハウスを使用します。

　もし、第1ハウスと第10ハウスルーラーがよいアスペクトにある場合、またハウスに木星・金星・太陽が位置しているか、ハウスカスプと調和のアスペクトの場合には、名誉、富、結婚生活の幸福が与えられます。サインが強力なら、昇進、出世が約束されています。

　反対にマレフィックな天体、たとえば土星と火星がハウスにある場合には、信用失墜などのトラブルに巻き込まれる不運に見舞われます。

　天王星もまた職業が変わりやすく、幸運と不運が交互に訪れ、突然の失墜といったアップダウンが激しく波瀾万丈です。

　海王星はスキャンダルがつきまとい、職場、地位ともに不安定です。

　月は職業を転々としやすく、アスペクトが悪いと不名誉な評判を被ります。

仕事について占う

どんな職種が向いているか

　どんな人でも、職業には向き不向きがあります。能力を発揮するためにも、自分に適した職業を選びたいものです。

　どんな職種が向いているかは、第10ハウスを見ればわかります。

　牡羊・蟹・天秤・山羊サインは、組織力が備わっているので、リーダーシップを発揮できる仕事を選ぶべきです。

　牡牛・蠍サインは、現実派で堅実、ファイナンス、リサーチなど、緻密さと根気を必要とする仕事で実力を発揮します。

　獅子サインなら、脚光を浴びる仕事。

　乙女サインなら、細やかな作業及び几帳面さと徹底した姿勢を必要とする、編集者・銀行関係、介護などの職業が向いています。

　水瓶サインなら独創性と独立を保てる仕事。

　双子・射手・魚サインなら、教育、旅行、コミュニケーション、ライター、出版など。自由と好奇心を満たせる仕事が向いています。

希望する企業に就職できるか否か

　誰もが一生に一度は通る関門。それは就職です。

　もし選択に迷ったら、あるいは入社試験日が重なってどちらかを選ばなくてはならなくなった際には、モダンホラリーが役に立ちます。

　採用されるかどうかは、次の方法で占います。

　第1ハウスルーラーと月が本人を表します。そして第10ハウスが勤務先あるいは就職先を示します。もし両ルーラー、あるいはハウス内の天体と、調和のアスペクトだとしたら、希望通りに就職できます。

　仮にマレフィックな天体（土星は除く）が第1ハウスにいたとしても、天体が強力なサインにあるなら悲観する必要はありません。

　第10ハウスのルーラーあるいは金星・木星・太陽と好アスペクトにある場合には、希望通りに職を得ます。

　また第10ハウスに第1ハウスルーラーが位置していたら、本人の働きかけ、努力次第で就職が可能です。反対に第1ハウスに第10ハウスルーラーがいる場合には、スカウトされたり、あるいは労せずして職を得たりする幸運があります。これはたとえルーラー同士のアスペクトが悪い場合でも変わりません。

　ただし、両ルーラー、ハウス内の天体が不調和のアスペクトにある場合には、就職できても期待したほどの職場ではなかったりして、転職する可能性があります。

不採用となるシグナル

・第1ハウスに土星がいる時。

・第1ハウス内に不運の天体がいて、他の天体とアスペクトもなく孤立している時。

・第1ハウス内に不運の天体がいて、第10ハウスルーラーか第10ハウス内の天体と不運のアスペクトにある時。

・質問者のルーラーまたは月が、第10ハウスか第2ハウスのルーラーとスクエアかオポジションの時。

・第10ハウス内に不運の天体がいて、第1ハウスルーラーか月、あるいは第10ハウスルーラーとスクエアかオポジションの時。

転職に迷ったら

　長く仕事をしていると、誰でも一度は転職しようかと迷うものです。その際にもモダンホラリーが役に立ちます。

　この場合、サイン・ハウスは、その人の仕事に対する姿勢を表します。

　もし本人のルーラーが強力なハウスかサインだとしたら、この人は仕事熱心で積極的な行動力を持ちます。それが幸いして運を掴みます。

　反対に弱い場合には、仕事は食べていくための手段に過ぎず、情熱と行動力に欠けるようです。結果が出るまで待つことができないので、運を取り逃がします。

現在の職場にとどまった方がよい場合

　第10ハウスと本人のハウスの両ルーラーがよいアスペクトにあるか、幸運の木星・金星などが両ハウスにいて両ルーラーとラッキーなアスペクトを形成している場合。

転職した方がよい場合

　第1ハウスと第10ハウスのルーラー同士、またはハウス内の天体間とのアスペクトが不調和か、第10ハウスや未来の結末を示す第1ハウス内にマレフィックな天体が複数ある時。

case 22

2社内定しているのですが、どちらを選ぶべきか迷っています。

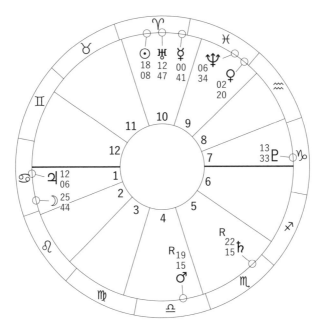

天体・サインのシンボル

⊙	太陽	♈	牡羊
☽	月	♉	牡牛
☿	水星	♊	双子
♀	金星	♋	蟹
♂	火星	♌	獅子
♃	木星	♍	乙女
♄	土星	♎	天秤
♅	天王星	♏	蠍
♆	海王星	♐	射手
♇	冥王星	♑	山羊
		♒	水瓶
		♓	魚

ハウス	サイン
第1	♋
第2	♌
第3	♌
第4	♍
第5	♎
第6	♐
第7	♑
第8	♒
第9	♒
第10	♓
第11	♈
第12	♊

就職が内定している企業の選択に迷っている青年からの質問です。

A社は社員数千人規模の企業で、様々な職種があるもののネットでの評判はあまり芳しくない模様。一方B社は、新しい企業で小規模ながら、専門分野の職種で実力主義。どちらを選ぶべきなのでしょう。

A社は第1ハウス。B社は第7ハウス。本人は月☽です。

A社を示す第1ハウスには木星♃と月がいます。これだけでも、質問者がA社を選ぶのは明確です。

木星は第6ハウスルーラーなので、職場は大勢の社員から刺激を受けることができ楽しいはずです。たとえネットの評判がよくなくても、経営状況は安定して将来の発展も期待できます。また結末を示す第4ハウスルーラーの水星☿は第10ハウスにあって月と調和しています。

一方B社はといえば、ルーラーの土星♄は逆行です。将来性はあるとは言え、まだ経営基盤が軟弱でリスクを伴います。

実力主義なのでやりがいがある反面、仕事はシビアで、即成果を求められます。新入社員だからと大目に見てくれる余裕はありません。

また冥王星♇は結果のハウスにいる天王星♅と不調和で、急激な経営悪化も懸念されます。よってA社が質問者に向いているでしょう。

占うポイント

＊2社を選ぶ際には、ハウスを割り振る。本人は月を選ぶ

＊ハウス内の天体とルーラー。本人のアスペクトを調べる

＊結果を示す第4ハウスもチェック

国家の命運を占う

　昨今、世界では紛争が頻繁に繰り返されています。緊迫した状況が続いて、別世界の出来事と無関心では済まされなくなりました。モダンホラリーは人間だけでなく、このように緊迫した国家間の紛争の行く末も占うことができます。

　占い方は人間のケースと同じです。

　1国のみを占う時は、国家は第1ハウスを、2国間で紛争を抱えている際には、相手国は第7ハウスをあてます。

　次は紛争が起きている事柄に関連したハウスを選びます。天体同士が調和していれば、首尾よく運びますが、そうでない場合には成就は不可能で紛争、対立が激化します。

　今回取り上げたスコットランドのケースでは、住民投票により独立の是非を問うので、選挙の役割を担う第5ハウスが該当します。さらに、新しい政府を意味する第10ハウス及びそのルーラーも重要です。勝敗を判断する決め手は、懸案となっている事柄のハウスルーラーがどちらの国のハウスにあるか、あるいはハウス内の天体と調和のアスペクトであるかどうかです。不調和のアスペクトであるか、マレフィックの天体とアスペクトにある場合には勝利しません。

case 23

スコットランドは
イギリスから独立するでしょうか。

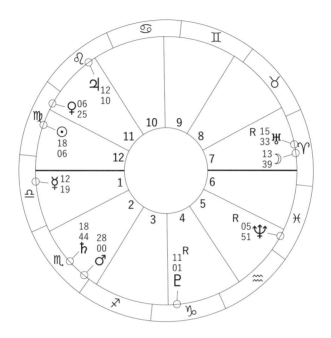

<table>
<tr><td colspan="4" align="center">天体・サインのシンボル</td></tr>
</table>

	天体		サイン
☉	太陽	♈	牡羊
☽	月	♉	牡牛
☿	水星	♊	双子
♀	金星	♋	蟹
♂	火星	♌	獅子
♃	木星	♍	乙女
♄	土星	♎	天秤
♅	天王星	♏	蠍
♆	海王星	♐	射手
♇	冥王星	♑	山羊
		♒	水瓶
		♓	魚

ハウス	サイン
第1	♎
第2	♏
第3	♐
第4	♑
第5	♒
第6	♓
第7	♈
第8	♉
第9	♊
第10	♋
第11	♌
第12	♍

世界を揺るがす独立問題が起こりました。2014年9月18日、長年燻っていたスコットランドの独立を問う住民投票が実施され、世界中がその結果に注目しました。

　もし独立となれば、痛手を負うのはイギリスばかりではありません。世界の様々な民族問題が火を噴く恐れがあるからです。

　さて結果はどうなるのでしょう。スコットランドはイギリスにとどまるのでしょうか。それとも独立となるのでしょうか。占ってみましょう。

　今回は、国家の命運は投票にかかっているので、第5ハウスの状況もあわせて判断します。

　このホロスコープは投票直前の9月11日に占ったものです。

　スコットランドは第1ハウス。ルーラーは金星♀。イギリスは第7ハウス。ルーラーは火星♂と冥王星♇。新しい政府は第10ハウス。ルーラーは月☽です。さらに住民投票なので選挙を司る第5ハウスをとり、ルーラーは天王星♅です。

　答えは明白です。イギリスに政府の月と結果の天王星が陣取っているので、スコットランドは独立しないでとどまると判断できます。

　一方スコットランドは、第5ハウスに位置している海王星♆と不調和のアスペクトです。これは投票での独立反対派が上回ることを意味していて、敗れるシグナルです。

　また、金星・冥王星・海王星が調和のスクラムを組んでいます。そのことから、この敗北はスコットランドにとってむしろよかったのではないかと考えられます。

占うポイント

*1国だけなら第1ハウス、2国間なら相手国は第7ハウス

*占う内容にふさわしい特徴を担うハウスを選ぶ

*事柄のハウスルーラーがどちらの国のハウスルーラーと
　調和しているか

*両国のハウスにマレフィックな天体があり、不調和のア
　スペクトであるなら不首尾

第11ハウス

the 11th House Lesson

知人、非営利団体、企業の収益、
願望成就

このハウスは、願望のハウスと言われ、質問の際に、どのハウスを選んでよいのかわからない場合に使用するとよいでしょう。他には友人との事柄、あるいは非営利企業、ないしは団体の問題を占います。また企業の第2ハウスにあたるため、企業の収益を見る際にも使用します。

　ここに木星と金星または太陽があり、質問者のルーラーとよいアスペクトの場合、他ハウス同様に幸運を授けますが、このハウスに関する質問に限っては、予期しない贈り物・出来事という意味で天王星も重要な役割を果たします。

　もし第11ハウスにマレフィックな天体がいる場合には、願望はトラブルと失望に見舞われます。

　ただし天王星がいて、木星あるいは金星と好アスペクトを形成している場合には、予期しない幸運を授かり、思いがけない成果を得るでしょう。反対にマレフィックな天体と不調和なら、予期しない不運に出会います。

　また第1ハウスルーラーと第11ハウスルーラーが不調和の場合には、不誠実で信頼のおけない友人から迷惑を被ったり、試練に見舞われたりするので注意しましょう。

願望について占う

　このハウスは願望のハウスとも言われ、幸運の天体である木星・金星・太陽がハウス内にあり、あなたのルーラーとトライン・セクスタイルの調和のアスペクトなら、あなたの願いは叶います。またあなた自身のルーラーが、第11ハウス内にあり、これらの天体とコンジャンクションなら、素晴らしい結果を手に入れることができるでしょう。

　また天王星も重要です。もし質問者のルーラーがここに位置している天王星と調和したアスペクトなら、予期しないビッグな喜び事が訪れるはずです。

願望が成就する場合

❶幸運の天体の木星・金星・太陽が第11ハウスにあり、質問者のルーラーと調和のアスペクト。

❷質問者のルーラーが第11ハウスにあり、木星・金星・太陽とコンジャンクション。

❸天王星が第11ハウス内にあり、質問者のルーラーとコンジャンクション、または調和のアスペクト。木星・金星・太陽のいずれかがあったら、喜び事が非常に大きい。

願望が成就しない場合

　マレフィックな天体がいたら、トラブルと失望に見舞われます。ただし天王星は例外です。木星と金星と調和のアスペクトなら素晴らしい喜びが、反対にマレフィックな天体と不調和を形成していたなら、予期しない不運に遭遇します。

　また質問者のルーラーと第11ハウスルーラーが不調和のアスペクトなら、信頼のおけない友人から迷惑を被ったり、トラブルに巻き込まれたりします。以下のようなケースは注意です。

❶マレフィックな天体が第11ハウスにいて、質問者のルーラーと不調和のアスペクト。
❷マレフィックな天体同士がアスペクトにある。

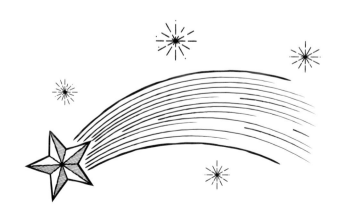

case 24

友人が貸したお金を返してくれません。
返済させるには？

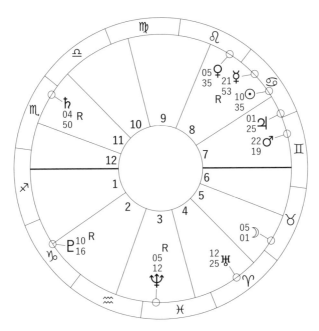

天体・サインのシンボル

⊙	太陽	♈	牡羊
☽	月	♉	牡牛
☿	水星	♊	双子
♀	金星	♋	蟹
♂	火星	♌	獅子
♃	木星	♍	乙女
♄	土星	♎	天秤
♅	天王星	♏	蠍
♆	海王星	♐	射手
♇	冥王星	♑	山羊
		♒	水瓶
		♓	魚

ハウス	サイン
第1	♐
第2	♑
第3	♒
第4	♓
第5	♈
第6	♉
第7	♊
第8	♋
第9	♌
第10	♍
第11	♎
第12	♏

質問者は学生で、催促しても無視する知人からお金を返済してもらいたいと考えています。どうしたら返してもらえるでしょうか。

　質問者は第1ハウス。ルーラーは木星♃です。困った友人の第11ハウスルーラーは金星♀です。獅子サインの金星なので、大変派手好きで、乱費性。いわゆる金銭感覚が緩い人です。

　一方、質問者の木星は蟹サインにいて強力です。つまり借金が返ってくる可能性が高いということです。さらに第11ハウスには逆行の土星♄が位置しています。逆行は本来歓迎されませんが、借金の場合には戻るという意味があります。さらに質問者の金運の第2ハウスルーラーでもあることから、お金は質問者の態度次第で戻ります。しつこいと言われようが、催促してください。あなたの毅然とした態度に相手も折れます。

　というのは、土星・木星・海王星♆が調和のグランドトラインを組んでいるところから判断して、彼はあなたが好きなのです。金銭的にルーズだけど、好奇心旺盛で幅広い情報を持つ彼は結構楽しい人のはずです。欠点に目をつぶって付き合えば、それなりのメリットもあるでしょう。今後はお金の貸し借りは抜きで、友情を育んでいきましょう。

占うポイント

＊第1・第11ハウス・質問の事柄のハウス、それぞれのハウス内の天体とルーラーのアスペクトを見る

＊逆行の有無

第12ハウス

the 12th House Lesson

裏社会、犯罪、入院、隔離、
クーデター、テロ、福祉関連、不倫

第12ハウスは、人生の裏側の世界、社会に認知され
ない事柄、犯罪、福祉関連、またカルマ、スピリチュア
ルな精神世界を司ります。
　具体的には、次のような事柄です。犯罪、陰謀、自
殺、刑務所、追放、亡命、誘拐、暴行、革命、テロ、
クーデター、見知らぬ人によるストーカー、暗殺、不倫、
秘密の出来事、入院などです。

敵について占う

誰かに敵意を抱かれていると感じたら

　何らかの妨害を感じつつ、それが真実なのか、勘違いなのかわからない時、またその相手が誰だか特定できない場合に、第12ハウスとそのルーラーを見ます。もし相手がわかる時は第7ハウスで判断します。

　もし第12ハウスのルーラー、またはハウス内の天体がマレフィックで、強力なサインにいて、不調和のアスペクトがない場合、敵はとても力のある人物で強硬です。

　第1ハウスルーラーに対して、第12ハウスのルーラーが不調和なら、相手は容赦なく攻撃してくるでしょう。さらに敵のルーラーが強力ならば、敵が勝利し、攻勢を強め容赦しません。

　反対に双方のアスペクトが調和していたら、敵は実力行使はしてこないでしょう。

　背後で事態を先導している人物が何者であるかは、第12ハウスルーラーの本来のサイン（星座）、たとえば火星ならば牡羊サインで、親分肌な指導性のある人を示しますが、黒幕が質問者より強力な状況にあれば、質問者にダメージを与える行動に出てくる恐れがあります。

　また質問者に調和のアスペクトが複数ある場合、その人たちが協力者となってあなたをサポートしてくれます。彼らのルーラーが木星・金星・太陽であるなら、経済的、ないしは影響力を持つ人たちの力強い助力を得られるので心配いりません。

どちらが勝者となるか

　敵と質問者のいずれが勝利するかについては、ルーラーの強弱で判断します。強力なら優勢です。

　では、質問者と敵が同じルーラーの場合はどうでしょうか。

　この場合、月が重要な役割を果たします。もし月に対して第12ハウスルーラーが不調和なら、非は自分側にあり、それが原因でトラブルに巻き込まれます。

　もしルーラーが強力なハウスにあるなら、真実は白日の下に晒されます。

case 25

誹謗中傷の怪文書が出回り
解任を要求されました。辞めるべき？

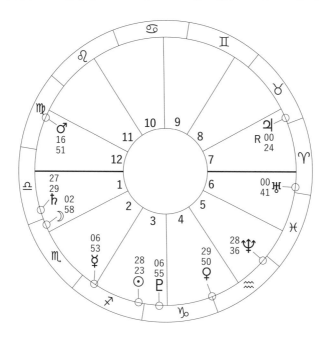

天体・サインのシンボル

☉	太陽	♈	牡羊
☽	月	♉	牡牛
☿	水星	♊	双子
♀	金星	♋	蟹
♂	火星	♌	獅子
♃	木星	♍	乙女
♄	土星	♎	天秤
♅	天王星	♏	蠍
♆	海王星	♐	射手
♇	冥王星	♑	山羊
		♒	水瓶
		♓	魚

ハウス	サイン
第1	♎
第2	♏
第3	♐
第4	♑
第5	♒
第6	♓
第7	♈
第8	♉
第9	♊
第10	♋
第11	♌
第12	♍

マンション組合の監事をしている女性からの相談です。

　これまで懸命にやってきたにもかかわらず、不当な解任要求をつきつけられて大変苦悩しているようです。果たして彼女は解任されてしまうのでしょうか。

　女性のルーラーは金星♀。第4ハウスにありますが、29度なので孤立無援の状況です。また第1ハウスには土星ℏと組合（第10ハウス）のルーラーの月☽が位置しています。そこから、誹謗中傷の怪文書が他の組合員の関心を集めているのと同時に、本人が大変苦痛を感じていることがわかります。

　一方、怪文書を送りつけた相手は第7ハウスでルーラーは火星♂。第12ハウスにいます。ハウス内には逆行の木星♃がいます。

　これは木星の悪い面である誇張。つまり事実に尾ひれのついた内容の怪文書となっている可能性を暗示しています。ただし、この木星が土星・月とオポジションで対峙し合っている上、金星とも不調和のスクラムを組んでいて、一触即発の緊迫した状況です。

　木星は伝達・文書の第3ハウス内にいる太陽☉・海王星♆と調和のスクラムを形成しているので、意見に賛同する住人の支持を得ることもでき、抗議としての怪文書の成果は一応あったようです。一方女性はといえば、調和のアスペクトは天王星♅のみで、立場が弱い状況にあります。

　今回は解任されなくても、土星が位置しているので、いずれ辞めなくてはならない状況に見舞われると見ます。折を見て自身で進退の決断をするのがベストです。

占うポイント

＊第1・第7・第3・第12ハウスの状態とルーラーを見る。
アスペクトがハードなら、いつまでも続く。良好なら時間
とともに消滅

クーデター、政変の行方を占う

　クーデター、内紛、革命、戦争の行方も第12ハウスで占うことができます。

　その際にはハウスの選択に注意が必要です。クーデター派、現政権を選び、第12ハウスとの関係で判断します。

　第12ハウスルーラー及びハウス内にいる天体と双方の、強力である側が優勢とみなします。それがクーデター派である場合には、政府が政権を奪還するのは困難となります。

case 26

国際的な過激派テロ組織を 壊滅させることはできますか。

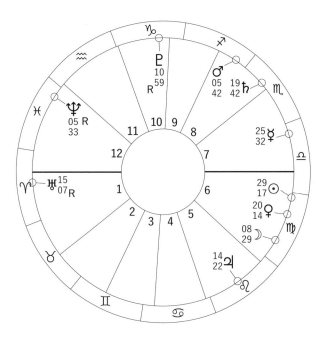

天体・サインのシンボル

シンボル	天体	シンボル	サイン
☉	太陽	♈	牡羊
☽	月	♉	牡牛
☿	水星	♊	双子
♀	金星	♋	蟹
♂	火星	♌	獅子
♃	木星	♍	乙女
♄	土星	♎	天秤
♅	天王星	♏	蠍
♆	海王星	♐	射手
♇	冥王星	♑	山羊
		♒	水瓶
		♓	魚

ハウス	サイン
第1	♈
第2	♉
第3	♊
第4	♋
第5	♌
第6	♍
第7	♎
第8	♏
第9	♐
第10	♑
第11	♑
第12	♒

2001年9月11日の同時多発テロ事件を契機として、アメリカは「テロとの戦い」を掲げ、テロリストへの対抗を図っています。そんな中アメリカは2022年7月、空爆によりアルカイダ指導者を殺害しました。果たしてアメリカを始め、有志連合はテロ組織の掃討作戦に成功するのでしょうか。

　今回はハウスの選択に工夫が必要です。占った日時は2022年8月8日です。テロ組織を第12ハウスにとり、反対側の第6ハウスをアメリカにします。

　第12ハウスカスプは水瓶サインですが、魚サインが真ん中に挟まった状態です。これは組織の構造が複雑で、把握が難しい状況を示します。

　さらに海王星♆は本来の魚サインにあって、大変強力です。それが逆行なのは、反社会的な誤った思想に基づく集団。自爆を厭わない意識構造が一層事態を複雑に、深刻化しています。

　その海王星が火星♂・月☽と不調和のスクラムを組んでいます。

　これもまた強力なシグナルです。天体は単体より、複数のアスペクトを形成している時の方が力を発揮するからです。

　火星は戦争・暴力を表します。それが第8ハウス（第12ハウスから数えて9番目）にあるのは外国への侵略を意味します。

　一方アメリカを見ると、第6ハウスには、威信を示す太陽⊙と有志連合を示す第9ハウスルーラー（第6ハウスから数えて9番目）の金星♀・月がいます。

　どちらが優勢かといえば、現在は圧倒的にテロ組織側が有利です。冥王星♇・海王星・月が調和のスクラムを形成しているからです。これは支援国からの潤沢な資金援助を表しています。

　一方、アメリカ、有志連合はこれといった調和のアスペクトは見当たりません。

さて今後の展開を見てみると、木星♃がテロ組織側の近い未来にあたる天王星♅に調和しているので、アメリカの軍事作戦は一応の成果を上げるでしょう。

　ただしテロ組織の結末を示す第3ハウスには何の天体もなく、ルーラーの水星☿にはアスペクトがありません。

　残念ながら、今回の掃討作戦はテロ組織の壊滅には至らないようです。

占うポイント

＊当事国、当事者は第12ハウス。相手国は反対の第6ハウスにとる

＊第12ハウスの状況を調べる。ハウス内に別のサイン（星座）があり、挟まれた状態（インターセプト）にあるなら、組織が把握しにくい。またハウス内にどんな天体がいるかで順調かそうでないか判断

＊2国間の紛争であるなら、互いのハウスルーラーが調和のアスペクトにある方が有利。マレフィックの天体があり、不調和のアスペクトなら不調

＊結末は互いの第4ハウス及びルーラーをチェック

PART 5
How to find out

ホロスコープが
信頼できるか
見極める方法

時にホロスコープは、答えることを
拒絶しているような結果を見せる場合もあるものです。
ここでは、そのような時に考えられる
原因をまとめています。

信頼できないホロスコープの原因

　占えた際の醍醐味、楽しみは格別なモダンホラリー占星術ですが、重要であるホロスコープが常に正確な答えを呈示してくれるわけではありません。中には何を語っているのかわからない。まるで答えることを拒絶しているように感じさせるケースもあります。

　それでは拒絶させるようなホロスコープとはどういうものなのでしょう。その原因は2つあります。1つは質問者側に問題があるケース。もう1つは、ホロスコープが適切でないケースです。

　まず、モダンホラリーを活用する際に、占う側が忘れてはならない大切な注意点をもう一度おさらいしましょう。

質問者側に原因があるケース

◆質問が曖昧、もしく質問がきちんと整理されていない

　例を挙げてみましょう。たとえば、「今年恋人はできますか」といった曖昧な質問の仕方では、的確な答えを得ることはできません。このような質問の場合は、特定の相手との恋が発展するかどうかといった、具体的な質問に切り替えるのがベストです。なぜなら、モダンホラリーは緊迫感のある質問ほど的確に答えてくれる傾向があるからです。

また本人の本音と質問の内容が異なる場合も、明確な答えは与えて
もらえません。たとえば「自分にぴったりの仕事は見つかりますか」、
といった質問です。本人は本当は現在の職場にいて、給与に不満があ
るために転職を考えているといったケースです。このような場合は、ず
ばり、「今の職場にいて昇給する可能性はあるか。転職した方がよいか」
という質問に切り替えてみてください。つまり質問をする前に、きち
んと自分が何をしたいのか、何を知りたいのかを具体的にして、明確
に把握することが大変重要なのです。自分の気持ちを正直に質問にす
ること。それが的中率を高めることになるのです。また誰かを占う場
合にも、本音を聞き出す工夫を忘れないようにしましょう。

◆ 占う日時が不正確

　的中しないホロスコープの原因として挙げられるのは、質問の浮か
んだ日時の曖昧さです。ホラリーにとってもっとも重要な事柄である
正確かつ的確な日時が設定されないと狂いが生じて、主要な天体がい
るべきところに配置されていない現象が現れます。

　たとえば多く見られるのが、迷子になったペット、あるいは置き忘
れた物を捜すケースです。この場合、いなくなった、気がついた時点
の日時を正確に覚えておいてください。後日その日時を思い出して占
う場合、日時が曖昧になればなるほど的中率は低くなります。

　質問者側の質問の仕方や、時間の不正確さにより的確な答えを導けないケースを見てきましたが、ここでは適切でないホロスコープをいかに見極めるかにフォーカスしていきます。

◆ **質問者、相手側、質問の内容のハウスのいずれのルーラーも、関係するハウスに位置していない場合**

　これから実例を挙げて説明していきます。特徴は、ホロスコープ全体に統一感がなくバラバラに感じられる時です。よくある例としては、日時が特定しにくい試合などのケースが挙げられます。

　右のホロスコープは、2022年2月、北京冬季オリンピックの女子カーリング決勝を占ったものです。

　日本は苦しみながらも勝ち進み、イギリスとメダルを争うこととなりました。日時が明確に設定できないことが懸念されましたが、結果はやはりホロスコープ全体がバラバラで意味不明なものとなりました。

　ここでは日本は第1ハウスの牡牛座。ルーラーは金星♀。イギリスは第7ハウスで蠍座。ルーラーは冥王星♇です。そしてスポーツの勝敗を決めるハウスは第5ハウス。ルーラーは太陽☉です。

　金星は第9ハウス。冥王星は第10ハウス。さらに太陽は第11ハウスです。いずれも関係するハウスには配置されていません。勝敗を決める太陽とも、ノーアスペクトです。これはまさしく外れて、残念ながら勝負の行方はわかりませんでした。原因は占う日時が曖昧になってしまったことが挙げられます。

ホロスコープが適切でないケース【例1】

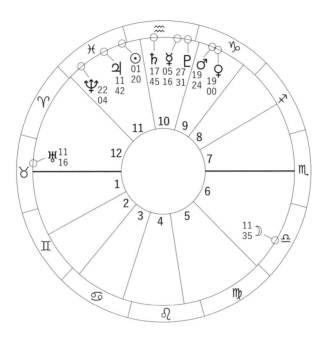

天体・サインのシンボル

⊙	太陽	♈	牡羊
☽	月	♉	牡牛
☿	水星	♊	双子
♀	金星	♋	蟹
♂	火星	♌	獅子
♃	木星	♍	乙女
♄	土星	♎	天秤
♅	天王星	♏	蠍
♆	海王星	♐	射手
♇	冥王星	♑	山羊
		♒	水瓶
		♓	魚

ハウス	サイン
第1	♉
第2	♊
第3	♋
第4	♋
第5	♌
第6	♍
第7	♏
第8	♐
第9	♑
第10	♑
第11	♒
第12	♓

次にもう１つ例を挙げます。質問者の婚約者と実父が初対面の際、意見が合わずに決裂。今後、結婚はできるのか不安だという女性からの相談です。

　結婚を尋ねているのでハウスは第7ハウスにし、婚約者は恋人として第5ハウスをとります。第1ハウスは質問者です。本人は双子座、婚約者は乙女座でルーラーはともに水星☿です。そして今回は実父を第10ハウスとし、ルーラーは天王星♅です。

　2人の共通のルーラーである水星は第9ハウスにいて、第7ハウスとは何の接点もありません。また結果を表す第10ハウスには、太陽☉・土星♄・木星♃が位置していますが、ここでも肝心の2人とはノーアスペクトです。

　ここから、このホロスコープはあてにならないと判断できます。また質問者と婚約者が同じルーラーというのも、ホロスコープが判断を拒んでいると考えられます。

ホロスコープが適切でないケース【例2】

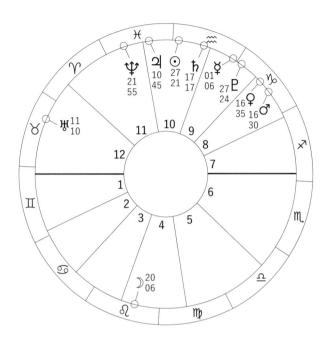

天体・サインのシンボル

⊙	太陽	♈	牡羊
☽	月	♉	牡牛
☿	水星	♊	双子
♀	金星	♋	蟹
♂	火星	♌	獅子
♃	木星	♍	乙女
♄	土星	♎	天秤
♅	天王星	♏	蠍
♆	海王星	♐	射手
♇	冥王星	♑	山羊
		♒	水瓶
		♓	魚

ハウス	サイン
第1	♊
第2	♊
第3	♋
第4	♌
第5	♍
第6	♎
第7	♐
第8	♐
第9	♑
第10	♒
第11	♓
第12	♈

以上、あてにならないホロスコープの例を見てきました。

　ホロスコープが真実を告げてくれる時は、質問者及び、それに関連するハウス、及びルーラーが、連係プレーをしているような繋がりが見られます。その際には、無関係なアスペクトは無視します。反対に、あてにならない場合には、何も繋がらずバラバラで解釈不能の状態のホロスコープを呈示します。

　この点を留意しながら、たくさんのホロスコープを作成してみてください。そうすれば、おのずと適否を正確に判断できるようになれるはずです。現在は、ウェブ上にフリーのホロスコープ作成サイトがたくさんあります。いろいろと試しながら、自分に合った、使いやすいものを選びましょう。

　ちなみに本書で使用しているのは、42ページで紹介しているものです。

PART 6
Advanced level

ワンランク上を
目指す上級編

ここでは、さらに上級を目指す人のため、
難問を取り上げています。
知識を当てはめるだけでなく、推理力、分析力を含めた
総合的な解析力を磨きましょう。

多くの謎が残された事件。
自殺ではない可能性は？

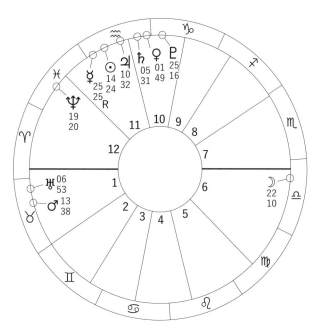

天体・サインのシンボル

☉	太陽	♈	牡羊
☽	月	♉	牡牛
☿	水星	♊	双子
♀	金星	♋	蟹
♂	火星	♌	獅子
♃	木星	♍	乙女
♄	土星	♎	天秤
♅	天王星	♏	蠍
♆	海王星	♐	射手
♇	冥王星	♑	山羊
		♒	水瓶
		♓	魚

ハウス	サイン
第1	♈
第2	♉
第3	♊
第4	♋
第5	♌
第6	♍
第7	♎
第8	♏
第9	♐
第10	♑
第11	♒
第12	♓

2015年10月、少年は「遊びに行ってくる」と母親に告げて11時頃に自宅を出ました。しかし、夕方になっても帰ってこないため、母親が18時半頃に110番通報をしました。

　この事件は、東京都H市の名刹の裏手にある、子供達の秘密基地として親しまれている山林で起きました。警察による実況検分の結果、何者かに危害を加えられた形跡もなく、近くに足跡もない点から自殺と報道されました。しかし多くの謎が残され、物議を醸しました。

　理由は、発見時に少年が全裸であったこと。緩くではあったものの、両手両足が縛られていたこと。しかし、自殺の兆候はまったくなかったという、母親や担任教師の証言。友人とのトラブルもなし。このように手がかりがないまま、自殺と断定されました。現場は緩やかな斜面で、そばに植えられた木の根元にロープをくくり付け、ぶら下がる格好で亡くなっていたそうです。

　この事件に残された謎を、モダンホラリーで見てみましょう。

　使用するハウスは、本人が第1ハウス。母親が第4ハウス。少年が通っていたフリースクールが第11ハウス。教育方針が第5ハウス。犯人が第7ハウスです。

　このホロスコープを読み解く鍵は、第1ハウスと第11ハウスにあります。なぜなら、いずれも複数の天体が位置しているからです。こういった場合、何らかのシグナルであると解釈できます。

　少年は第1ハウスでルーラーは火星♂。ただし牡牛サインもそっくり入って、インターセプトサインとなっているため、本人が身動きできない状態になっていた可能性が考えられます。

　さらに重要な点は、ハウス内にいる天王星♅と火星です。天王星は予期しない出来事を示し、そして第11ハウスルーラーでもあります。火星は彼自身であると同時に、事故を暗示する天体です。この2つの

天体がぴったりと背中合わせで、コンジャンクションの状態です。予期しないハプニングという点において、自殺以外の可能性が考えられるのではないかと思います。

　次に第11ハウスを見てみましょう。ここに死を表す第8ハウスルーラーの木星♃、教育方針を表す第5ハウスルーラーの太陽☉。さらに初等教育を表す第3ハウスルーラーの水星☿が位置しています。

　第11ハウスはここでは実際に通学していたフリースクールです。本来小学校は第3ハウスをとりますが、少年は公立小学校ではなく、シュタイナー教育を実践するフリースクールに通っていました。このスクールの特徴は「自由への教育」と言われる独自の教育理念を実施している点にあります。教科書やテストもなく、芸術を通して感性を培うという、現行の小学校のスタイルとはまったく異なる授業が行われるそうです。ここから両親の子供への思い、教育への熱意が感じられます。特に母親を示す第4ハウスルーラーの月☽は、太陽と水星とトラインの好アスペクトで、母親がスクールを気に入っていたのがわかります。

　ただし、少年の火星は太陽とハードアスペクトです。そのことから、彼が正しく学校での教えを理解していたとは言えない可能性があります。個性の尊重ゆえの自由の意味を深く理解していなかったのかもしれません。木星の死と教育理念の太陽が背中合わせになって、本人を示す火星と凶のアスペクトであることがそれを示唆しています。

　私はこのホロスコープを見る限り、何らかの原因で、少年本人も予想をしていなかった不幸なアクシデントが起きてしまったのではないかと考えます。少年のご冥福を心よりお祈りします。

上級編 case2

K市で行方不明になった女の子。
犯人は今どこにいる？

天体・サインのシンボル

⊙	太陽	♈	牡羊
☽	月	♉	牡牛
☿	水星	♊	双子
♀	金星	♋	蟹
♂	火星	♌	獅子
♃	木星	♍	乙女
♄	土星	♎	天秤
♅	天王星	♏	蠍
♆	海王星	♐	射手
♇	冥王星	♑	山羊
		♒	水瓶
		♓	魚

ハウス	サイン
第1	♎
第2	♏
第3	♐
第4	♑
第5	♒
第6	♓
第7	♈
第8	♉
第9	♊
第10	♋
第11	♌
第12	♍

昨今、日本中を震撼とさせる幼児の誘拐殺人事件が多発しています。

　2014年9月、K市で行方不明となった6歳の女の子の遺体らしき袋詰めの死体が、自宅付近で発見されたと23日に報道されました。果たして犯人は今どこにいるのでしょう。

　このホロスコープは、遺体らしきものが発見されたと報道される直前の早朝6時に占ったものです。

　女の子は第7ハウス。ルーラーは火星♂。ハウス内には犯罪を匂わす逆行の天王星♅がいます。

　一方、犯人は第1ハウスでルーラーは金星♀。ハウス内には子供を表すと同時に、後ろめたい出来事及び死を示す第12ハウスルーラーの水星☿がいます。

　特徴的なのは、人に言えない事柄、犯罪、死の第12ハウスに3つの天体、月☽・犯人の金星・太陽☉がいることです。ここからも殺人事件であることがわかります。

　太陽がハウスの第7ハウスを起点とするので、通常の第2ハウスが死のハウスの第8ハウスとなります。そこに土星♄がいます。さらに女の子のルーラーの火星が、第9ハウスカスプから3度にいるため、第8ハウスも大変関連が強く、ここでも死が暗示されます。さらに犯人側から見ると第3ハウスは近所を示しています。これは発見現場が自宅から東にある近くの草むらだった点からも一致します。袋詰め死体は間違いなく本人のものと思われます。

　なぜなら、発見場所は人目につかない場所の第12ハウスと符合が合う上、火星が結果を示す第4ハウス（第10ハウス）ルーラーの月とハードアスペクトにあるからです。

　月は東南東に位置していますので、自宅から見てその方向で発見されたことも一致しています。

　さらに警察を表す太陽は、犯人の第1ハウスに接近しています。ま

た女の子の結果を示す第4ハウスルーラーの月も犯人のルーラーの金星に接近しているため、逮捕が近いことを示しています。

　次はいよいよ憎き犯人の居場所です。

　犯人のルーラーである金星は第12ハウスにいます。さらに水星と金星はサインを交換し合っていて、大変強力なシグナルを放っています。

　このことから、犯人は女の子の自宅から近く、東から東南東にかけて住んでいる人物です。

　結果は警察の記者会見で、犯人は遺体遺棄現場のすぐ隣のアパートに住む男と判明。発見現場も犯人の所在地も的中しました。

　被害者の女の子のご冥福を心よりお祈り申し上げます。

迷子になるつもりじゃなかったの！
私を見つけて！

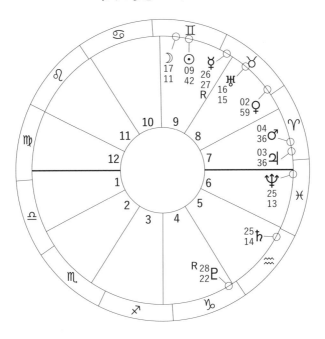

天体・サインのシンボル

⊙	太陽	♈	牡羊
☽	月	♉	牡牛
☿	水星	♊	双子
♀	金星	♋	蟹
♂	火星	♌	獅子
♃	木星	♍	乙女
♄	土星	♎	天秤
♅	天王星	♏	蠍
♆	海王星	♐	射手
♇	冥王星	♑	山羊
		♒	水瓶
		♓	魚

ハウス	サイン
第1	♍
第2	♎
第3	♏
第4	♐
第5	♑
第6	♓
第7	♓
第8	♈
第9	♉
第10	♊
第11	♋
第12	♍

今回は、捜索願のチラシで知った行方不明の猫のモエちゃんを捜してみましょう。チラシを見てすぐに占ってみました。日付は2022年5月31日、午後12時52分です。

　迷子になったペットを捜す時に大切なのは、気がついた時刻をすぐにメモすることです。時間が経つほど的中率も低くなり、中型犬の場合には、数日間で60キロあまり移動してしまうケースもあるそうです。犬自身も気がついた時にはもう戻れなくなってしまうのでしょう。

　今回は猫なので移動距離も少ないだろうと推測できますが、ハクビシンやタヌキに襲われる危険性もあるので、早急に捜し出す必要があります。結果は予想通り、家の近くにいると出ました。チラシを配布した甲斐もあり、迷い込んだ近隣宅に餌をもらいにきたところで発覚。迷子になってから3週間後、無事に家に戻ることができました。

　それでは、モダンホラリーではどう出たか見てみましょう。ペットなので第6ハウスを見ます。魚サインです。驚くべきは、ルーラーの海王星♆が何と第7ハウス線上から3度手前に位置していることです。ハウスカスプの前後5度以内なら、次のハウスにいると考えられます。

　第1・4・7・10のアンギュラーハウスなら、近隣にいて発見できるというシグナルです。質問者を第1・第7いずれのハウスにとっても、ペットが戻ってくるサインが出ています。

　第1ハウスをとると、ルーラーである水星☿の逆行は、海王星・冥王星♇（結果を示す第4ハウスのルーラー）の天体と幸運のスクラムを組んでいる上、戻るシグナルである逆行が2つあります。

　第7ハウスをとっても幸運の木星♃がいて、同じく水星・冥王星とこれまた同様に幸運のスクラムを組んでいます。いずれにしても、戻るのは間違いありません。的中する時は、質問者のハウスをどちらにとっても同様の結果が出るものなのです。

上級編 case 4

現在賃貸住まい。
一戸建てを買うべきか迷っています。

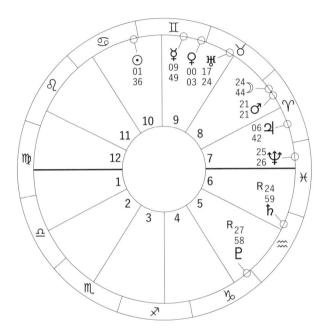

天体・サインのシンボル

⊙	太陽	♈	牡羊
☽	月	♉	牡牛
☿	水星	♊	双子
♀	金星	♋	蟹
♂	火星	♌	獅子
♃	木星	♍	乙女
♄	土星	♎	天秤
♅	天王星	♏	蠍
♆	海王星	♐	射手
♇	冥王星	♑	山羊
		♒	水瓶
		♓	魚

ハウス	サイン
第1	♍
第2	♎
第3	♏
第4	♐
第5	♑
第6	♒
第7	♓
第8	♈
第9	♉
第10	♊
第11	♋
第12	♌

今は、住宅が買値より高くなることは少なくなりましたが、それでも老後を見据えると、購入した方がよいのかどうか、様々な迷いが出てくるものです。さて、今回は質問者にとり、どちらの選択が適切か見ていきましょう。

　質問者は第1ハウスでルーラーは水星☿です。現在の賃貸住宅は第4ハウス。ルーラーは木星♃。購入するか迷っている一戸建ては第7ハウスで海王星♆がルーラーです。

　第1ハウス、第4ハウスの中には何の天体もありません。現在の住まいはよくも悪くもないという状況です。

　一方、第7ハウスには木星と海王星がいます。木星は第4ハウスルーラーであり、かつ幸運の天体です。また海王星は魚サインのルーラーでとても強力です。さらに木星と水星は60度のセクスタイルで居心地のよさ、快適さを示しています。また海王星とお金に関する利益の金星♀ともセクスタイルで将来価格が上昇する可能性も秘めています。結論は言うまでもなく、購入した方がよいです。

　ただ現在の住まいより遠方になるため、不便に感じるかもしれませんが、駅近であればその問題は解消するはずです。

　せっかく富をもたらす可能性を秘めているのですから、それを実現できる物件を選びましょう。

　たとえば少し遠方に建っていても、駅まで徒歩圏内で行ける利便性がある、風水害の被害を受けにくい立地にある物件など。他人も買いたくなる物件か否かを吟味して、後悔しない物件を選びましょう。

　モダンホラリーは考えるヒントを与えてくれますが、選択し、購入するのは質問者であることを忘れないで、計画を立て実行しましょう。

婚活での出会いに迷い。
出産年齢を考えたら結婚すべき？

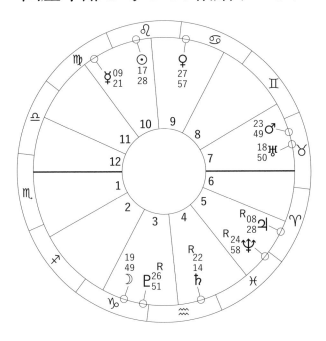

天体・サインのシンボル

☉	太陽	♈	牡羊
☽	月	♉	牡牛
☿	水星	♊	双子
♀	金星	♋	蟹
♂	火星	♌	獅子
♃	木星	♍	乙女
♄	土星	♎	天秤
♅	天王星	♏	蠍
♆	海王星	♐	射手
♇	冥王星	♑	山羊
		♒	水瓶
		♓	魚

ハウス	サイン
第1	♏
第2	♐
第3	♑
第4	♒
第5	♓
第6	♈
第7	♉
第8	♊
第9	♋
第10	♌
第11	♍
第12	♎

38歳のこの女性は理想が高く、相手の男性に高収入、高身長、有名大卒、イケメンという条件を掲げていました。しかし納得できる男性との出会いは難しく、条件を下げたところ、現在の男性と出会いました。出産年齢を気にして、この男性と結婚すべきか迷っています。

　それでは、ホロスコープを見てみましょう。

　今回は結婚の質問なので第7ハウスを選び、ルーラーは金星♀です。男性を第1ハウス、ルーラーは冥王星♇。女性は月☽を選びます。

　男性の冥王星は第3ハウスにいます。月もまた同じハウスです。これは互いにコミュニケーションが取れていること。愛情というよりは身内のような感覚が2人の間にはあるようです。

　冥王星・天王星♅・火星♂は良好なアスペクトを組んでいて、一見よさそうですが、マレフィックの場合は異なり、マイナス面が強調されます。火星はトラブル、天王星は予期しない出来事、海王星♆は裏切りを意味します。それらの関係性が強いという点で感心しません。

　さらに恋愛を表す第5ハウスには木星♃と海王星がいますが、これまた逆行で別の異性の出現が考えられます。

　結婚を示すルーラーの金星もまた、男性の冥王星と女性の月ともにオポジションを形成して緊張関係です。さらに致命的なのは、結婚生活を示す第10ハウスには太陽☉がいて、土星♄（家庭）・天王星・火星とＴスクエアを組み、これまた緊迫した険悪な状況を物語っています。家庭は予想に反して暗く、優しいと思っていた男性は豹変し、女性に厳しく、支配するような態度に出るでしょう。

　このホロスコープで特徴的なのは、逆行の天体が4つもあることです。互いの見込み違い、考えの違いといった具合に、価値観の違いが浮き彫りにされていきます。子供が欲しいとは言え、相手に対して愛情が湧かない結婚は、後々様々なトラブルが生じがちです。ここは心機一転、別の男性を探しましょう。

ウクライナは
ロシアに勝利することができますか。

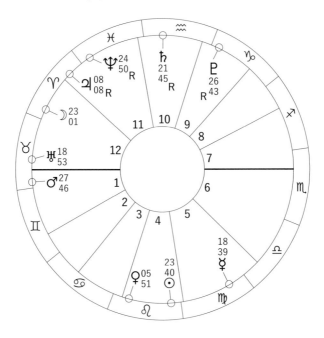

天体・サインのシンボル

⊙	太陽	♈	牡羊
☽	月	♉	牡牛
☿	水星	♊	双子
♀	金星	♋	蟹
♂	火星	♌	獅子
♃	木星	♍	乙女
♄	土星	♎	天秤
♅	天王星	♏	蠍
♆	海王星	♐	射手
♇	冥王星	♑	山羊
		♒	水瓶
		♓	魚

ハウス	サイン
第1	♉
第2	♊
第3	♋
第4	♌
第5	♍
第6	♎
第7	♏
第8	♐
第9	♑
第10	♒
第11	♓
第12	♈

2022年2月、ロシアがウクライナに侵攻して以降、長期化する気配が漂うウクライナ情勢。8月に入ると、ウクライナはアメリカから新兵器ハイマースが供与されたことにより、守勢から攻勢へと転じ、ロシア側の占領地域に多大な損害を与え始めています。さて今後、ロシア軍の全面撤退となるのでしょうか。見ていきましょう。

　ウクライナは第1ハウス。ルーラーは金星♀。ロシアは第7ハウス。ルーラーは冥王星♇です。特徴的なのは、戦争を表す火星♂が第1ハウスカスプ（アセンダント）に4度違いであること。さらにロシアが外国を示す第9ハウスにいることで、ウクライナという戦場に、ロシアが侵攻している様子が映し出されています。ここで不安なのは、予想できない出来事を示す天王星♅がウクライナに接近していることです。

　ウクライナにとってのプラス面は、ルーラーの金星が木星♃とトラインで良好なアスペクトにあることです。これはロシアが資金面で窮地にあることが有利に働く点。片やウクライナ側の資金及び兵器は、木星が第11ハウスにあることから、支援国に支えられて堅調です。

　一方、注意すべき点として、ロシアが核を使う可能性があると考えられることです。核は太陽☉で、ウクライナ側の結末を示す第4ハウスにいます。一方ロシア側の第4ハウスには逆行の土星♄がいます。このとこから、ロシアがかなりのダメージを受けているのがわかります。こうなると、ロシアは手段を選ばないかもしれません。

　太陽は火星・天王星とスクエアを形成、さらに土星を巻き込みTスクエアを形成して、危険な状況です。さらに太陽は木星ともスクエアなので、使われたら被害は甚大です。それを阻止する可能性の鍵は、コミュニケーションの第3ハウスルーラーの月☽です。第12ハウスにいる月と太陽のトラインは水面下での交渉で阻止できる可能性の暗示であると解釈できます。タイムリミットは刻々と迫っていますから、国際社会が団結して核の阻止へと早急に動く必要があります。

伝統的ホラリー占星術
VS.モダンホラリー占星術

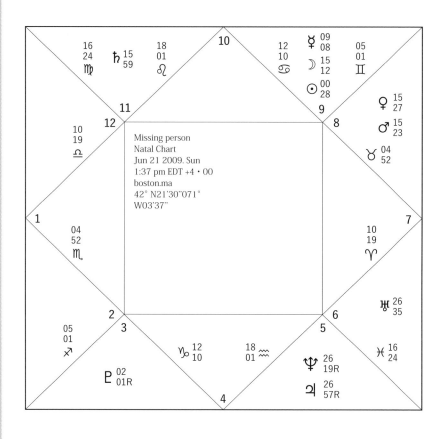

最後に伝統的なホラリー占星術とモダンホラリー占星術の鑑定結果の比較をしてみたいと思います。アメリカのサイトで行方不明者を伝統的ホラリーで占った記事を見つけ、モダンホラリーではどのような結果となるか、比較を兼ねて占ってみました。

　左のホロスコープは、アメリカ・マサチューセッツ州のボストンで起きた、行方不明事件の男性を伝統的ホラリーで占ったものです。ホロスコープは現代のものとは大きく異なっていて、円形ではなく四角形です。モダンホラリーのホロスコープは次のページにあります。

　占った日時は2009年6月21日。午後1時37分です。

　アセンダント第1ハウスは天秤サイン10度19分です。記載は第12ハウス内にあります。カスプの表記はすべて後ろにずれ、第2ハウスカスプは蠍サイン4度52分。第3ハウスは射手サイン5度1分。第4ハウスは山羊サイン12度10分。第5ハウスは水瓶サインの17度となります。

　結論から言うと、このホロスコープでは、男性がすでに死亡していることがわかります。実際に、男性の遺体はボストンから32キロほど離れた森の中の湿地で発見されたということです。

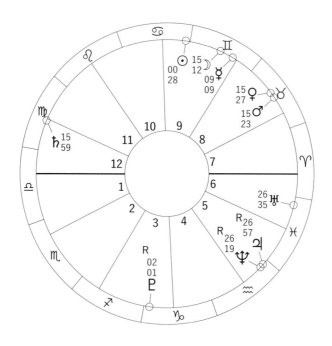

天体・サインのシンボル

⊙	太陽	♈	牡羊
☽	月	♉	牡牛
☿	水星	♊	双子
♀	金星	♋	蟹
♂	火星	♌	獅子
♃	木星	♍	乙女
♄	土星	♎	天秤
♅	天王星	♏	蠍
♆	海王星	♐	射手
♇	冥王星	♑	山羊
		♒	水瓶
		♓	魚

ハウス	サイン
第1	♎
2	♏
3	♐
4	♑
5	♒
6	♓
7	♈
8	♉
9	♊
10	♋
11	♌
12	♍

それでは、この事件をモダンホラリーで読み解いていきましょう。

　まず失踪者ルーラー金星♀は、死のハウス第8ハウスにいて火星♂とコンジャンクション。これは暴力による殺人が行われたことを示しています。火星は第7ハウスルーラーなので、顔見知りの犯行とみられます。

　さらに見ていくと、土星♄が死のハウスの第12ハウスにいます。土星は第4ハウスルーラーで、このハウスもまた晩年及び、死を意味します。この土星と火星・金星はトラインを形成していますが、すべての死のハウスに関連しています。さらにこの3つの天体は、第4ハウスカスプともグランドトラインを形成して、関連が決定的であることを教えています。

　グランドトラインとは、120度のアスペクトを形成する3つの天体がスクラムを組むコンフィギュレーションで、幸運の天体同士の場合には大幸運を示します。しかしマレフィックな天体同士では、反対の現象である不幸が増長されます。よってこれは失踪した男性の死を告げるシグナルと判断できます。

　いかがだったでしょうか。

　この例からもわかるように、伝統的なホラリー占星術が順守している厳密な規則を省いたモダンホラリー占星術であっても、遜色なく的中できることがおわかりいただけたかと思います。

和泉茉伶（いずみ まれい）

早稲田大学第一文学部卒業。高校生の頃からアストロロジー（西洋占星術）を学び始める。高校3年生の時、学園祭でアストロロジーの鑑定を行い、よく当たると評判になる。その後、フリーランスのライターとして活躍するかたわら、アストロロジーの研究をライフワークとし、研鑽を積む。2000年5月、「マレイ・インターナショナル・スクール」を設立。現在、通信講座にてアストロロジーの普及に努めている。アメリカとイギリスの一流アストロロジャーを講師に招くなど、画期的かつ実践的な講座に定評があり、受講生は日本全国にまたがる。
http://www.marei.net

時（とき）を読（よ）み、未来（みらい）を見通（みとお）す
モダンホラリー占星術（せんせいじゅつ） 最新版（さいしんばん）

発行日　2023年2月1日　初版発行

著者　　　　　和泉茉伶
発行者　　　　高木利幸
発行所　　　　株式会社説話社
　　　　　　　〒169-8077 東京都新宿区西早稲田1-1-6

カバーイラスト　荒巻まりの
カバーデザイン　菅野涼子
本文イラスト　　花村マリンカ
本文デザイン　　遠藤亜矢子
DTP　　　　　　ラッシュ
編集担当　　　　仲川祐香

印刷・製本　　中央精版印刷株式会社

© Marei Izumi Printed in Japan 2023
ISBN 978-4-910924-04-5　C 2011

本書は『ホロスコープ作成ソフト付き　モダンホラリー占星術』（河出書房新社、2005年）を一部引用し、大幅な加筆・修正を加え再編集したものです。